EXPLORATEURS JUNIORS

Le guide de terrain pour les petits aventuriers

Textes de : Olivier Goubault/FCPN et
Djamil Saad/FCPN, avec la collaboration
de Quentin Rouy et Amélie Sander

Illustrations des activités :
Cécile Lechevallier

MILAN

CPN

SOMMAIRE

1/ À L'AVENTURE

Deviens un aventurier averti

On ne devient pas du jour au lendemain explorateur de la nature : il faut s'initier progressivement et respecter quelques principes élémentaires de sécurité. Ce livre t'accompagnera dans tes premières découvertes, puis tu trouveras tes propres recettes, trucs et astuces pour vivre dans la nature…

Jamais seul

La nature est une aventure qui se partage. Pars avec des amis, tes parents, avec un guide expérimenté. Tes découvertes n'en seront que plus délicieuses… et sûres.

Bien se préparer

Avant chaque aventure, prépare bien ton trajet et ton équipement. Préviens tes parents, indique ton heure de départ, la durée de ton excursion et l'itinéraire emprunté. Si tu n'es pas en forme, remets ta randonnée à un autre jour.

Bien s'équiper

Difficile d'allumer un feu sans allumettes ! La fiche pages 6-7 t'aidera à préparer ta sortie. Vérifie trois fois ton équipement : coche les cases au fur et à mesure que tu fais ton sac. Vérifie-le la veille du départ et une dernière fois avant de partir.

Un as de la « récup »

Dans la nature, pas la peine d'avoir du matériel dernier cri, mieux vaut être débrouillard. Emprûnte le sac à dos d'un ami, achète une boussole d'occasion… N'hésite pas à demander à tes parents du matériel de récupération : quelques tiges en métal, un vieux rideau en dentelles, et te voilà avec un filet à papillons.

Partir randonner sur les chemins, passer la nuit à la belle étoile, guetter le cri de la hulotte, faire un feu de bois, trouver l'herbe qui guérit une piqûre… Tu découvriras au fil de ce livre comment vivre en sécurité toutes ces aventures.

LISTE DU JEUNE EXPLORATEUR NATURE

Voici une liste qui t'aidera à préparer tes sorties.

Mode d'emploi

Dans la deuxième colonne, coche au crayon de papier les cases correspondant aux affaires qui te seront utiles lors de ta sortie. Dans la troisième colonne, coche au fur et à mesure les affaires que tu mets dans ton sac. Pointe ensuite la liste pour vérifier que tu n'as rien oublié. N'hésite pas à photocopier cette page en plusieurs exemplaires afin d'avoir toujours une liste vierge à ta disposition.

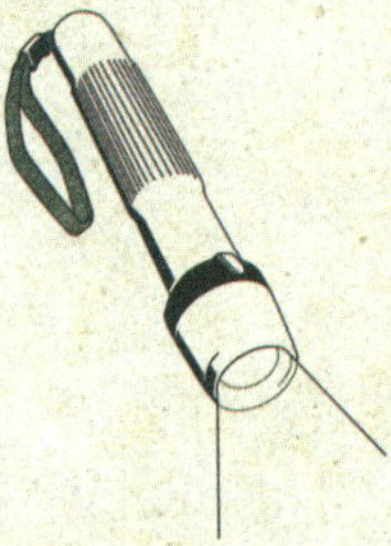

Équipement	**utile**	**dans mon sac**
COUTEAU DE POCHE	○	○
CORDELETTE	○	○
ALLUMETTES	○	○
LAMPE FRONTALE	○	○
LAMPE TORCHE	○	○
SAC MULTIPOCHES	○	○
SAC DE COUCHAGE	○	○
TENTE	○	○
HAMAC	○	○
Vêtements		
VÊTEMENT POLAIRE	○	○
CHAUSSURES MONTANTES	○	○
VÊTEMENT DE PLUIE	○	○
CHAPEAU, LUNETTES DE SOLEIL	○	○
GILET DE SAUVETAGE	○	○
Parcours		
CARTE	○	○
BOUSSOLE	○	○

	utile	dans mon sac
Nourriture		
ENCAS	○	○
EAU (3 L PAR JOUR PAR PERSONNE)	○	○
PIQUE-NIQUE (FAIRE UNE LISTE POUR CHAQUE REPAS)	○	○
Trousse de secours		
PAIRE DE CISEAUX	○	○
PAQUET DE MOUCHOIRS EN PAPIER	○	○
PINCE À ÉPILER	○	○
DÉSINFECTANT	○	○
BOÎTE DE COMPRESSES STÉRILES	○	○
ROULEAU DE SPARADRAP	○	○
BOÎTE DE PANSEMENTS INDIVIDUELS	○	○
BOÎTE DE PARACÉTAMOL	○	○
TUBE DE CRÈME SOLAIRE	○	○
TUBE DE CRÈME ANTIMOUSTIQUE	○	○
Trousse de naturaliste		
3 PETITES BOÎTES AVEC COUVERCLE	○	○
UN APPAREIL PHOTO NUMÉRIQUE	○	○
UNE LOUPE	○	○
UNE PAIRE DE JUMELLES	○	○
UN FILET	○	○

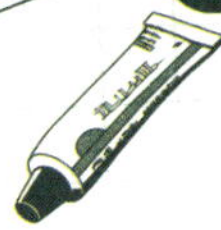

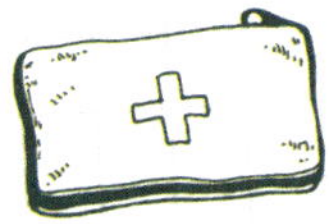

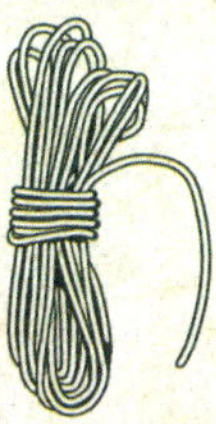

QUELLES SONT CES BÊTES ?

LES GROSSES BÊTES

Ni pattes ni nageoires

- mollusques avec tentacules
  - décapodes
    - avec un os plat, seiches
    - avec une plume, calmars
  - octopodes
- avec écailles
  - serpents

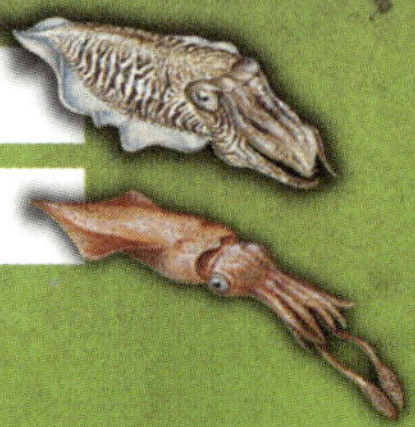

0 patte, des nageoires

- poissons sans squelette ni mâchoires ● lamproies et myxines
- poissons cartilagineux (sans arêtes) ● requins et raies
- poissons osseux (avec arêtes)
  - tête forte, sans dents, larges écailles ● cyprinidés
  - nageoires dorsales avec rayons épineux ● perciformes
  - une 2e nageoire dorsale sans rayons ● salmonidés
  - avec des barbillons ● siluriformes

2 pattes, 2 ailes

- avec des plumes, oiseaux
  - oiseaux chanteurs ● passereaux
  - oiseaux carnivores ● rapaces
  - bec long en forme d'épée ● ciconiiformes
  - petits échassiers ● limicoles
  - pattes palmées ● ansériformes
  - ressemble à une poule ● galliformes
- sans plumes, avec des poils
  - mammifères avec ailes membraneuses ● chiroptères

Comment identifier cette bête ? En comptant son nombre de pattes… Grâce aux deux tableaux ci-après, tu vas pouvoir aisément déterminer à quel groupe appartiennent les animaux, grands ou petits, qui croiseront ton chemin durant tes randonnées.

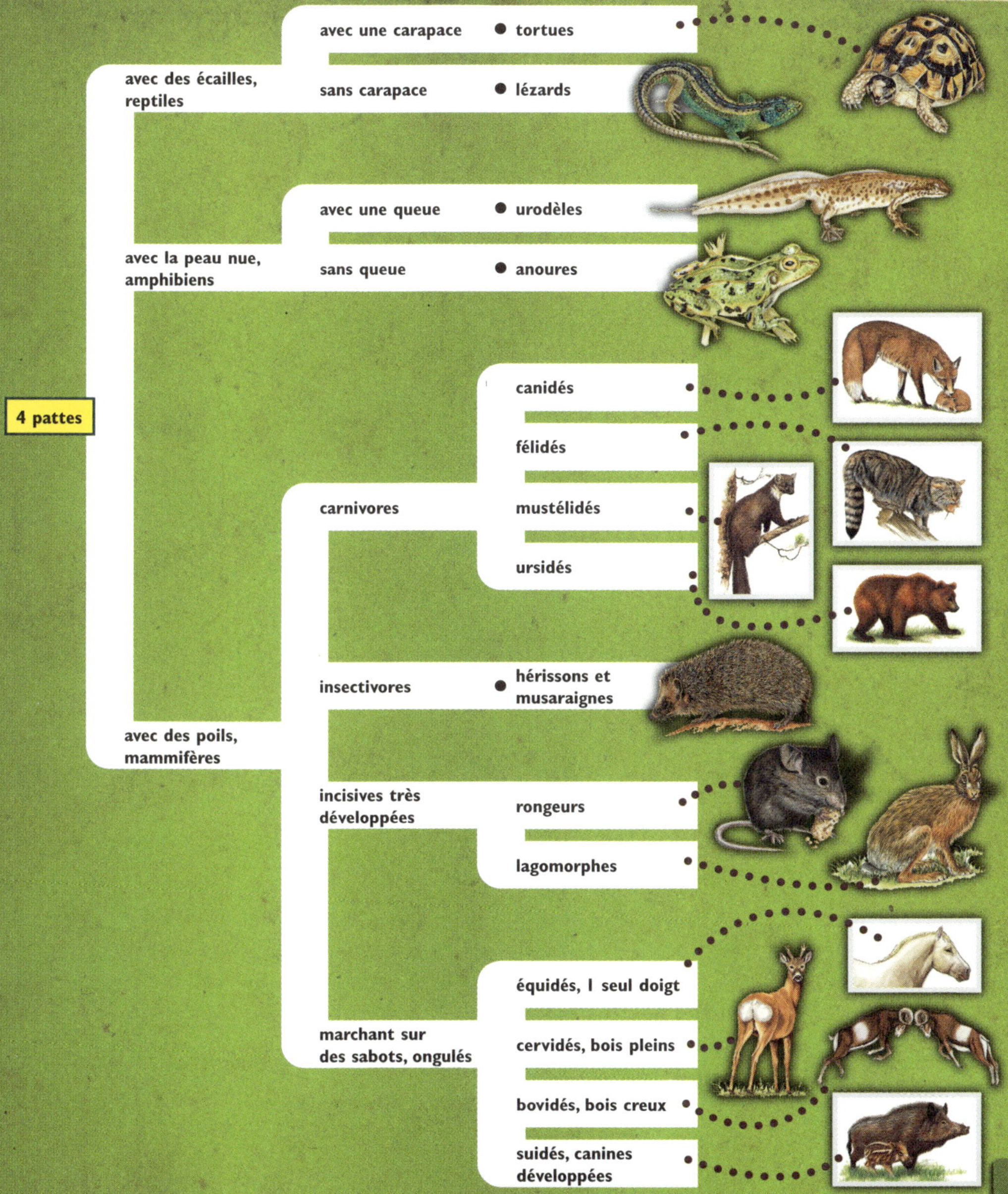

LES PETITES BÊTES

- **Ni pattes ni nageoires**
  - corps nu, mou, avec tentacules
    - fixés sur un rocher ● anémones de mer
    - flottant dans l'eau ● méduses
    - rampant ● holothuries
  - dans un tube ● vers à panache
  - libres, fausses pattes ● vers néréides

- **pas de patte une coquille**
  - 1 seule coquille, en hélice ● mollusques gastéropodes
  - 2 coquilles attachées ● mollusques bivalves
  - 1 squelette externe, piquants ● oursins

- **3 paires de pattes, insectes**
  - ailes peu visibles ● dermaptères
  - 1 seule paire d'ailes ● diptères
  - 1 paire d'ailes et 1 paire d'élytres
    - élytres formant une cuirasse au repos ● coléoptères
    - élytres verticaux au repos ● orthoptères
    - hémiélytres semi-rigides ● hémiptères
  - 2 paires d'ailes
    - avec une « taille » de guêpe ● hyménoptères
    - corps fin et allongé ● odonates
    - ailes recouvertes d'écailles ● lépidoptères

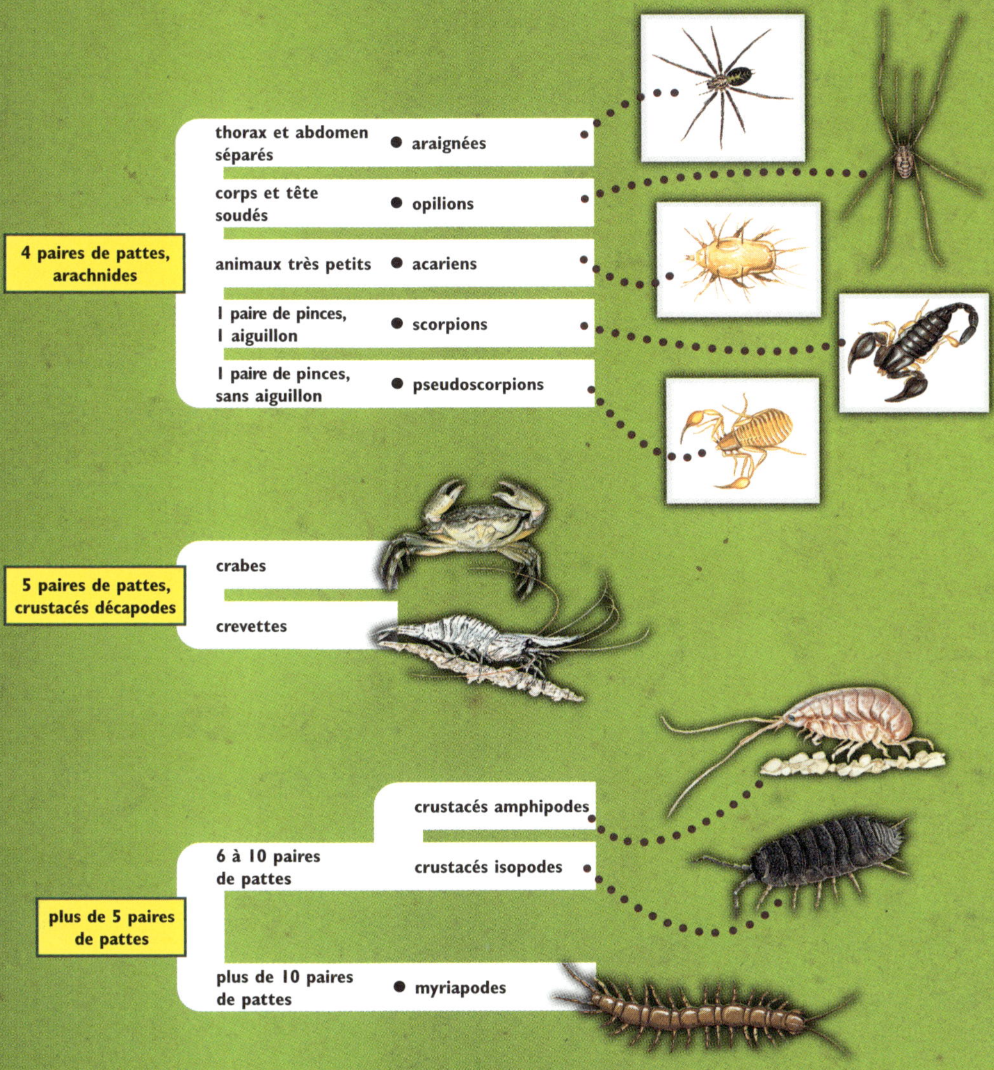

Cette clé n'ouvre pas toutes les portes

Toutes les « familles » du règne animal ne sont pas représentées dans ce tableau. Tu y trouveras uniquement celles présentes dans le guide.
Tu rencontreras donc probablement dans la nature des bêtes qui ne correspondront à aucun de ces critères. Il faudra alors te munir d'un guide d'identification pour t'aider à les reconnaître.

2/ TA PREMIÈRE RANDONNÉE

Définis ton itinéraire

Choisis un itinéraire facile : un tracé en boucle de 4 ou 5 km, empruntant des chemins bien balisés (chemin carrossable, petite route) avec des repères faciles à identifier (croisement, point remarquable), une faible dénivelée et des paysages variés. Préfère les chemins fréquentés, sinon ronces et buissons rendront ta balade difficile.

Prépare ton matériel

AVANT DE PARTIR, VÉRIFIE QUE TU AS L'ÉQUIPEMENT NÉCESSAIRE :

- UNE PAIRE DE CHAUSSURES DE MARCHE
- UNE PAIRE DE CHAUSSETTES ÉPAISSES
- UN PETIT SAC À DOS FACILE À PORTER
- UN VÊTEMENT CHAUD LÉGER ET CONFORTABLE EN LAINE POLAIRE
- UN VÊTEMENT DE PLUIE
- UNE CASQUETTE OU UN CHAPEAU
- UNE BOUTEILLE D'EAU
- UN ENCAS
- UNE TROUSSE DE PREMIERS SECOURS
- UNE CARTE DE RANDONNÉE DE LA ZONE (AU 1/25 000)
- UNE BOUSSOLE

Balise ton parcours

Prépare ton itinéraire en notant les points remarquables. Une fois sur le terrain, ce sera plus facile de te repérer. Note aussi les endroits où tu pourras faire une pause : à l'orée d'une clairière, en lisière de prairie, près d'une rivière… Tu pourras ainsi observer et découvrir la nature qui t'environne.

Quelques précautions

Quelle que soit ta randonnée, préviens toujours un adulte (tes parents, par exemple) en indiquant ton heure de départ, ton itinéraire et la durée de ta rando. Tu seras ainsi rapidement secouru s'il t'arrive un ennui. Même les grands explorateurs le font ! Et si tu es perdu, n'hésite pas à faire demi-tour pour rentrer !

De bonnes chaussures

Pour éviter de te faire des ampoules, d'avoir les pieds trempés, voire de te faire une entorse, tu dois choisir des chaussures adaptées à la marche. Oublie tes baskets ou tes sandales, et prends des chaussures légères, un peu rigides, légèrement montantes, imperméables et respirantes (cuir ou Goretex®), avec une semelle solidement crantée. Choisis-les d'une demi-taille à une taille au-dessus de ta pointure habituelle pour que ton pied ne soit pas trop serré. Enfin, prévois une paire de chaussettes suffisamment épaisses, même s'il fait chaud !

La France compte près de 1 million de kilomètres de chemins. Il y en a donc certainement un près de chez toi ! Voici quelques conseils pour organiser ta première randonnée.

RANDO À LA CARTE

Pour réussir ta randonnée, il faut bien préparer ton itinéraire. Ainsi, tu pourras aller de ton point de départ à ton point d'arrivée sans te perdre en chemin ! Voici quelques indications et conseils.

Une carte

Quelle que soit la randonnée que tu choisiras, il te faudra toujours une carte à grande échelle, au 1/25 000 ou au 1/50 000. Sur une carte au 1/25 000, 1 cm représente 250 m : routes, chemins, sentiers, forêts, ruisseaux, falaises… tout y est indiqué.

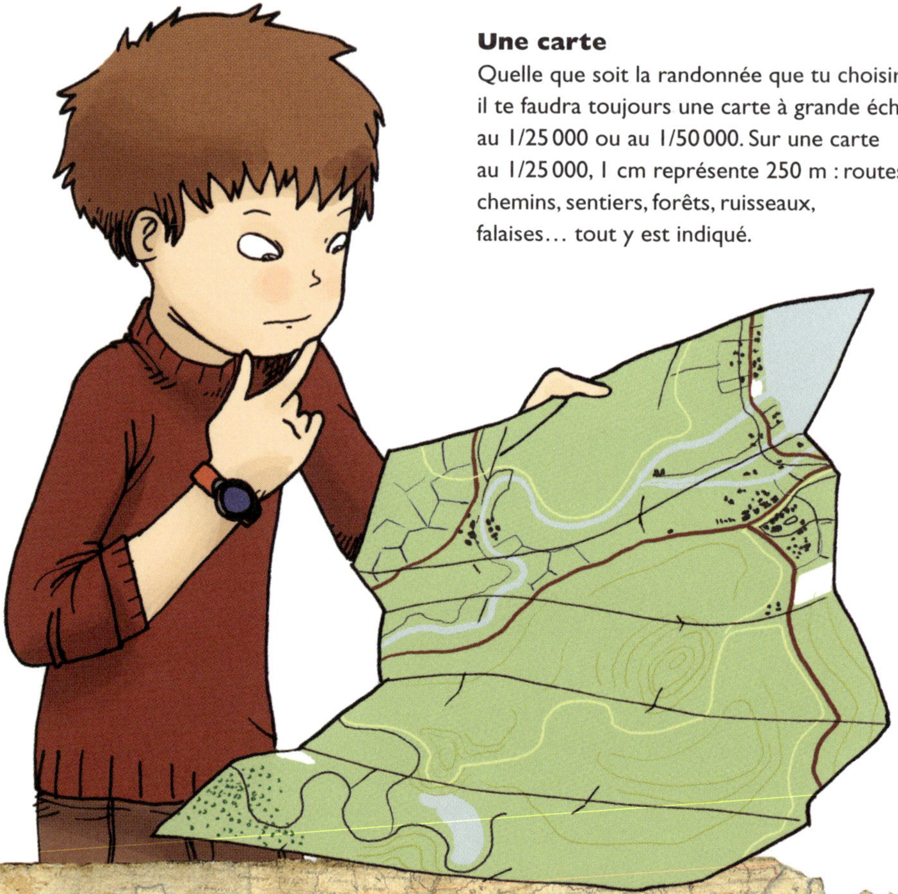

La première carte de France

Le territoire national a été cartographié intégralement pour la première fois entre 1756 et 1815 par trois générations de cartographes de la famille Cassini. Ces cartes devaient permettre aux états-majors des armées de préparer les batailles, d'où leur nom de cartes d'état-major. On y trouvait surtout des informations utiles pour déplacer les armées, préparer des embuscades, placer des canons… Ces cartes font toujours référence aujourd'hui.

LES SECRETS D'UNE CARTE

Pour bien lire une carte, tu dois décoder ses trois secrets.

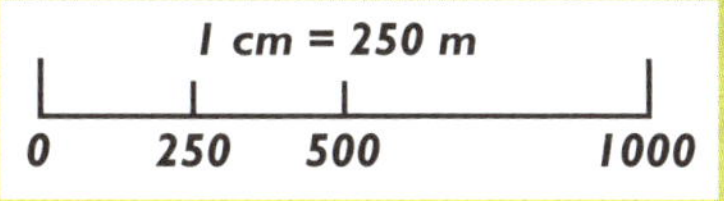

1er secret : l'échelle

La carte représente en plus petit et à plat le paysage qui t'entoure. L'échelle t'indique son taux de réduction.
Pour randonner, celle qu'on utilise le plus couramment est au 1/25 000, c'est-à-dire que 1 cm sur la carte correspond à 25 000 cm sur le terrain, soit 250 m. 10 cm représentent donc 2,5 km.

2e secret : les courbes de niveau

On représente le relief sur la carte grâce à des lignes plus ou moins resserrées, les courbes de niveau. Comme on ne peut pas mentionner toutes les hauteurs du terrain, on dessine sur la carte une ligne tous les 5 m ou plus. Et tous les 25 m, on écrit l'altitude sur la ligne.
Plus les lignes sont serrées, plus la pente est forte. Vérifie toujours l'équidistance de ta carte sur la légende (différence d'altitude entre deux courbes de niveau).

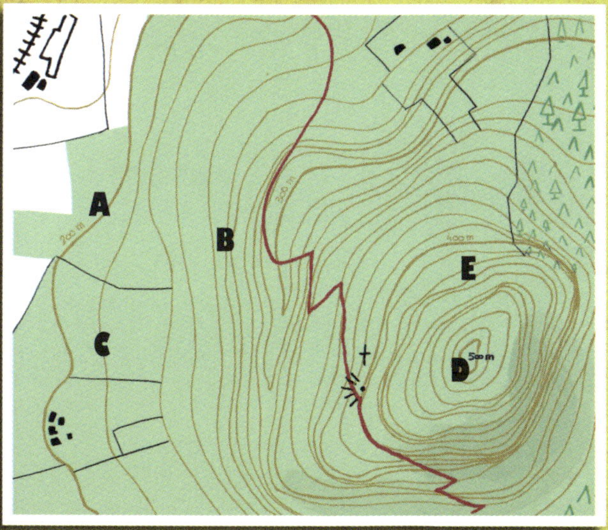

A. ***La 1re ligne indique que l'on est à 200 m d'altitude.***

B. ***La 6e ligne indique 250 m.***

C. ***Sur cette carte, entre deux lignes, on a 10 m de différence d'altitude. Les lignes sont espacées : on est donc pratiquement sur un terrain plat.***

D. ***Cette ligne matérialise l'altitude 500 m.***

E. ***Dans cette zone, il y a 24 lignes sur 3 cm. On passe de 250 m à 500 m d'altitude en moins de 1 km (1 cm = 250 m). C'est une pente forte, impraticable en VTT et difficile à pied !***

3e secret : la légende

Sur chaque carte, il y a une légende qui représente les éléments présents sur le terrain à l'aide de symboles, toujours les mêmes, faciles à identifier. Lis donc attentivement la légende pour imaginer le terrain sans même l'avoir vu !
Tu peux maintenant repérer sur la carte les sentiers et chemins que tu souhaites parcourir, et identifier leurs difficultés et points d'intérêt (une falaise, une forêt, une rivière infranchissable…).

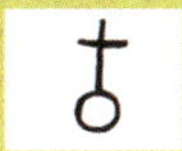
une église

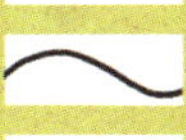
un chemin

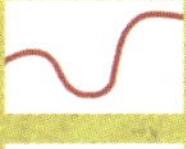
un itinéraire de grande randonnée

des arbres

S'ORIENTER

En balade, la carte te permettra de te repérer sur le terrain si tu l'orientes convenablement.

Si tu as une boussole, repère le nord et oriente ta carte jusqu'à ce qu'il corresponde avec le haut de ta carte.

1. Si tu n'as pas de boussole, repère deux ou trois points remarquables (on les appelle des « amers »). Ils sont uniques, faciles à identifier et toujours hauts : un clocher, un pic, un pylône électrique…

C'est par ici !

Sur une route, tu peux t'aider des panneaux indicateurs. Certains chemins de randonnée sont également balisés. Tu trouveras fréquemment, sur les arbres et les pierres du chemin, des panneaux discrets ou des signes qui t'indiqueront la direction à suivre ou à éviter. Ainsi, ta rando sera réussie !

Voici les principaux symboles que tu pourras rencontrer :

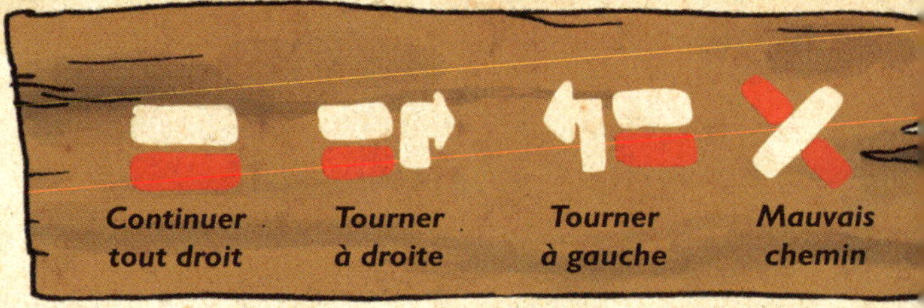

Ça y est, tu es prêt à partir en randonnée ! Commence par choisir sur la carte des itinéraires courts, sur un terrain que tu connais bien avant de te lancer dans de plus grandes randonnées.

2. Identifie-les sur ta carte, puis oriente celle-ci de manière à placer chacun de ces amers dans la bonne direction.

3. Fais le point très régulièrement afin de t'assurer que tu es dans la bonne direction. On a vite fait de tourner en rond en forêt, ou de partir dans une mauvaise direction en montagne… N'hésite pas à rebrousser chemin si, après avoir dépassé la moitié du temps prévu pour ta rando, tu t'aperçois que tu es encore loin du but.

Astuce

Tu peux laisser derrière toi des indices naturels de ton passage. Par exemple, à chaque croisement, indique avec quelques pierres ou des branches le chemin par lequel tu es arrivé !

CAPTURE DES PETITES BÊTES

Découvrir le petit peuple de l'herbe nécessite un peu de matériel, beaucoup de patience, et quelques trucs et astuces.

Chasseur en herbe

Avec leurs yeux à facettes, leurs sens très développés et leur capacité à détecter les mouvements à proximité, les insectes s'échappent souvent lorsqu'on veut les attraper. Sans oublier qu'ils peuvent changer de direction instantanément, voler à reculons ou sauter à des distances incroyables !
Avec un peu de dextérité, tu pourras facilement attraper scarabées ou punaises. D'autres te demanderont un peu d'entraînement, comme les sauterelles et les criquets. Mais comme ils pullulent dans l'herbe, tu arriveras bien à en capturer au moins un !

Astuce

Lorsque tu attrapes un insecte à la main, mets celle-ci en creux pour ne pas l'écraser. Place ensuite l'insecte dans un bocal en verre (pot à confiture), dont tu auras percé le couvercle de petits trous pour permettre l'aération. Ne le garde pas plus de 15 min enfermé, sinon il risquerait de mourir.

FABRIQUE TON FILET À PAPILLONS

Rien de tel pour capturer des insectes volants qu'un filet à papillons. Il est facile à fabriquer et tu apprendras rapidement à t'en servir. Le plus délicat est d'en sortir les insectes.

1. *Reproduis sur un carton le gabarit aux dimensions indiquées et découpe-le.*
2. *Découpe la toile aux mêmes dimensions.*
3. *Replie-la en 2 dans le sens de la longueur et couds solidement les 2 grands bords. Le résultat sera plus propre et plus solide à la machine à coudre.*
4. *Fais un revers de 1 cm sur le bord libre de ton filet et couds-le sur presque tout le tour.*
5. *Enfile la tige en fer dans la glissière ainsi créée. Au fur et à mesure que tu l'enfiles, tords la barre afin de lui donner une forme circulaire.*
6. *Laisse dépasser 6 à 10 cm de tige de chaque côté du filet. Ramène les deux extrémités de façon qu'elles soient parallèles.*
7. *Insère les deux tiges dans l'extrémité de ton bambou.*
8. *Renforce celle-ci en l'entourant de plusieurs tours d'adhésif.*

Voilà, ton filet est prêt !

Matériel

- DE LA TOILE FINE, COMME DU VOILAGE
- UNE BARRE EN FER DE 1 M DE LONG ET DE 0,4 CM D'ÉPAISSEUR, FACILE À TORDRE
- UNE TIGE DE BAMBOU DE 1 À 1,50 M
- DU FIL ET UNE AIGUILLE
- DE L'ADHÉSIF RÉSISTANT
- UNE PLAQUE DE CARTON DE 1 x 1,30 M
- UNE PAIRE DE CISEAUX

1

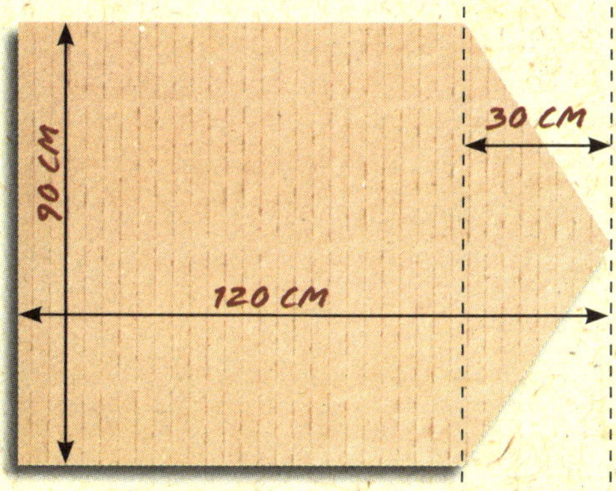

5

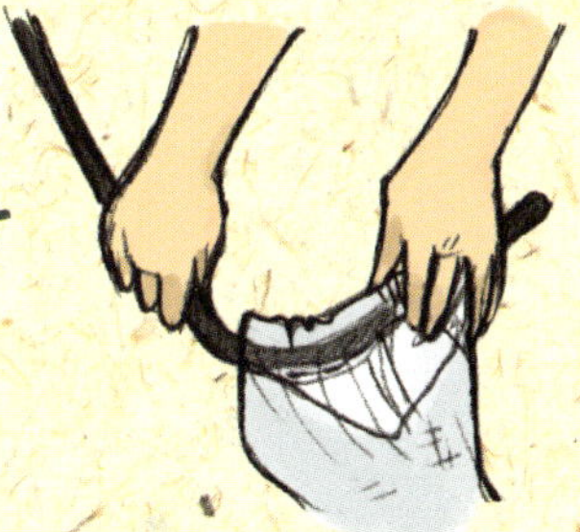

3

4

8

CHASSE AU FILET

Pas si facile que ça d'attraper des insectes : à toi de développer ta technique, à partir de ces conseils.

Terrain de chasse

Certains lieux et certains moments sont plus propices que d'autres à la chasse aux insectes. Les prairies fleuries sont parmi les plus riches. Repère quelles sont les fleurs qui attirent le plus les insectes. Préfère les journées ensoleillées, tôt le matin.

LA TECHNIQUE

1. Essaie toujours d'approcher ton filet le plus près possible de l'insecte, très doucement pour ne pas l'effaroucher.

2. Quand tu te trouves suffisamment près de lui (moins de 20 cm), relève ton filet d'un coup sec.

3. Quand l'insecte est dans la toile, referme-la en rabattant ton filet vers le bas et en tournant le poignet : l'insecte sera coincé.

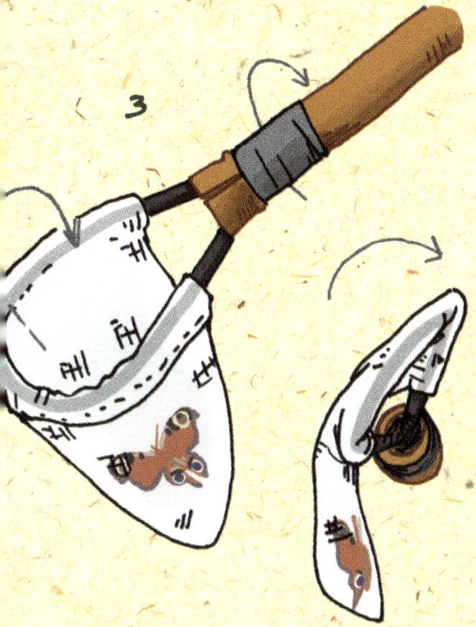

4. Pose l'ouverture du filet contre le sol et, avec ta main, redresse-le. L'insecte s'envolera vers le fond du filet.

5. Avec ton autre main, resserre le filet sous l'insecte de manière à l'emprisonner dans une poche plus petite.

6. Maintiens la poche fermée, et fais glisser un pot à confiture dans le filet jusqu'à l'endroit où tu resserres celui-ci.

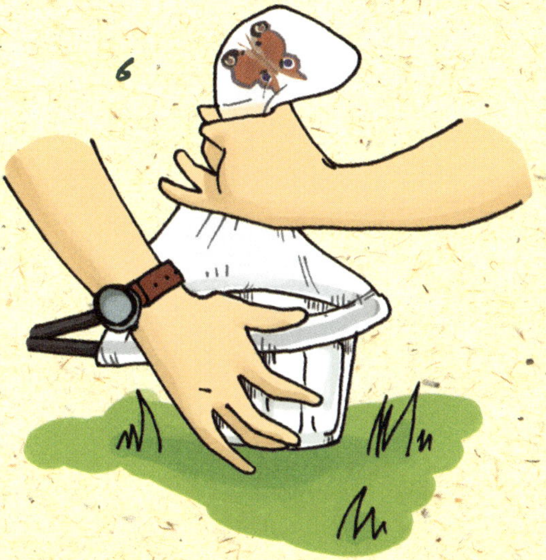

7. Retourne alors la poche afin de forcer l'insecte à entrer dans le bocal. Puis passe ta main dans le filet pour refermer doucement le bocal.

Bravo, tu as réussi ta première prise ! À toi maintenant de déterminer de quelle espèce il peut s'agir en t'aidant des planches d'identification que tu trouveras dans les pages suivantes.

Attention !

Évite abeilles, bourdons et guêpes, qui pourraient te piquer. Mais sois bien observateur, car beaucoup d'insectes empruntent le déguisement d'une guêpe pour faire croire qu'ils sont dangereux.

Les petites bêtes qui rampent

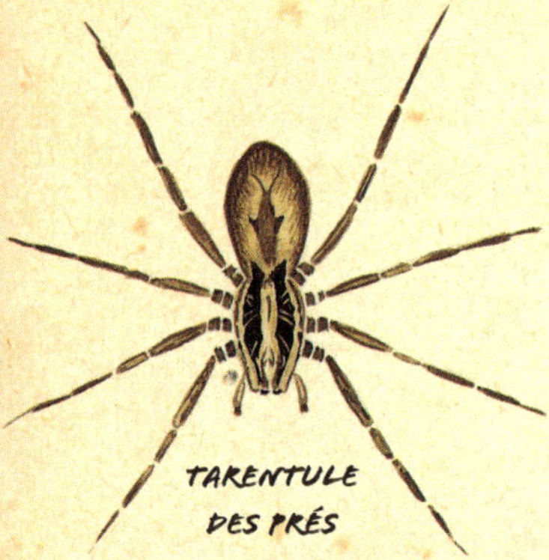

TARENTULE DES PRÉS

→ 1 à 1,4 cm ←
Araignées

CLOPORTE

→ 0,8 à 1,2 cm ←
Crustacés isopodes

GENDARME

→ 1 à 1,2 cm ←
Hémiptères

LIMACE NOIRE

→ 7 à 10 cm ←
Mollusques gastéropodes

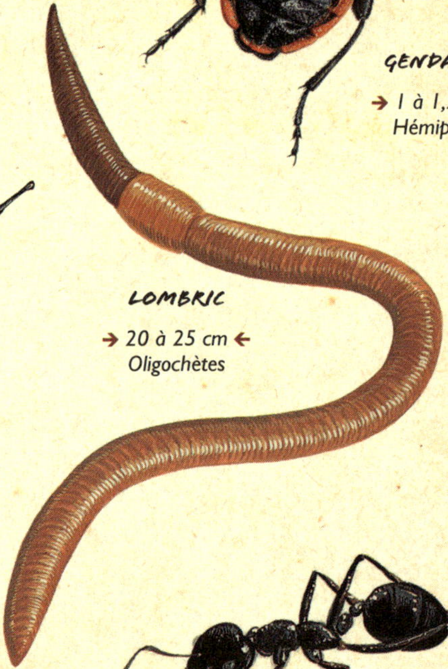

LOMBRIC

→ 20 à 25 cm ←
Oligochètes

PETIT-GRIS

→ 1,5 à 2,5 cm ←
Mollusques gastéropodes

FOURMI NOIRE*

→ 0,3 à 0,9 cm ←
Hyménoptères

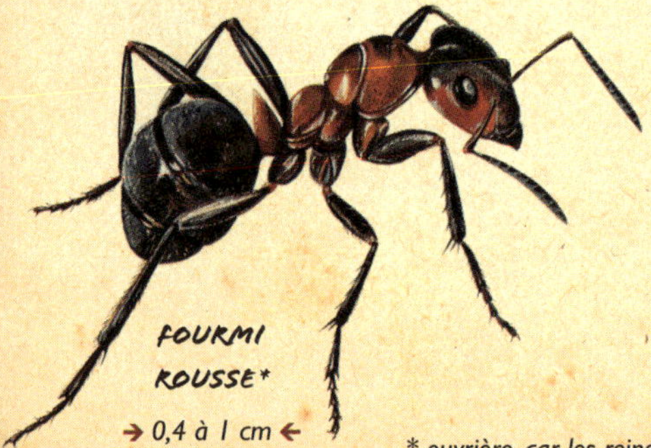

FOURMI ROUSSE*

→ 0,4 à 1 cm ←
Hyménoptères

LIMACE ROUGE OU LOCHE ROU

→ 10 à 12 cm ←
Mollusques gastéropodes

* ouvrière, car les reines sont plus grosses

ESCARGOT DES HAIES

→ 1 à 1,5 cm ←
Mollusques gastéropodes

PUNAISE DES BOIS

→ 1 à 1,2 cm ←
Hémiptères

CÉTOINE DORÉE

→ 1,5 à 2 cm ←
Coléoptères

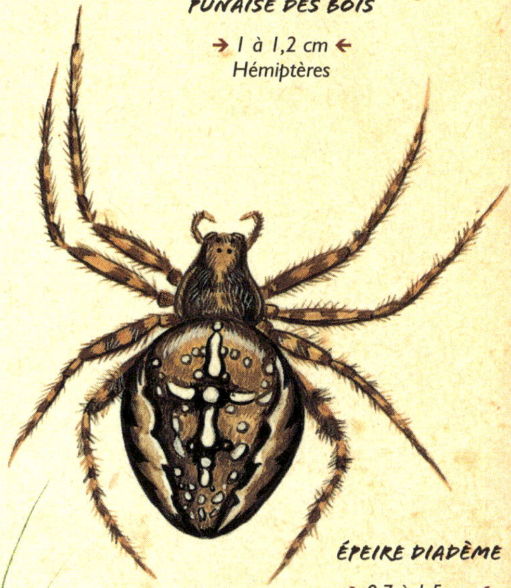

ÉPEIRE DIADÈME

→ 0,7 à 1,5 cm ←
Araignées

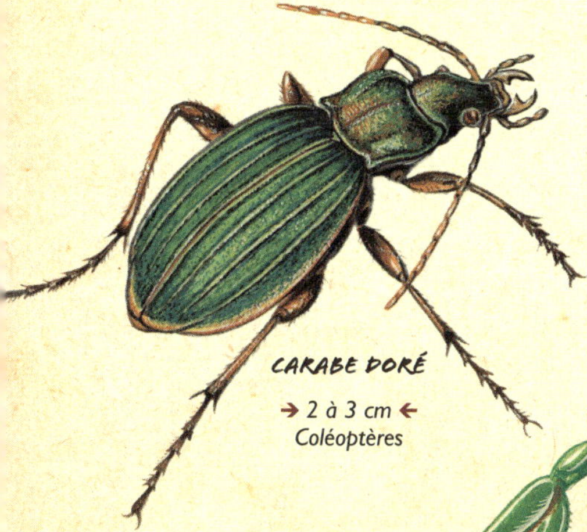

CARABE DORÉ

→ 2 à 3 cm ←
Coléoptères

BOUSIER

→ 1,2 à 1,8 cm ←
Coléoptères

MANTE RELIGIEUSE

→ 4,5 à 7,5 cm ←
Mantoptères

Les petites bêtes qui volent et qui sautent

OSMIE CORNUE

→ 1,2 à 1,4 cm ←
Hyménoptères

GUÊPE GERMANIQUE

→ 1,5 à 2 cm ←
Hyménoptères

ÉRISTALE GLUANT

→ 0,8 à 1,2 cm ←
Diptères

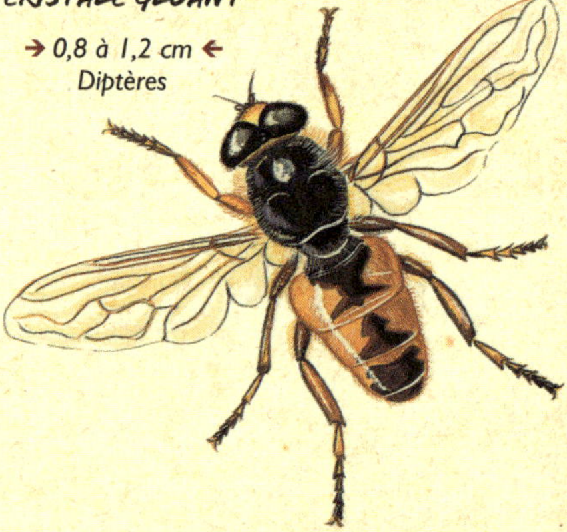

ABEILLE À MIEL

→ 1,1 à 1,6 cm ←
Hyménoptères

MÉGACHILE

→ 1,2 à 1,4 cm ←
Hyménoptères

BOURDON

→ 1,5 à 2,2 cm ←
Hyménoptères

SYRPHE À CEINTURES

→ 0,8 à 1,2 cm ←
Diptères

HANNETON

→ 2 à 3 cm ←
Coléoptères

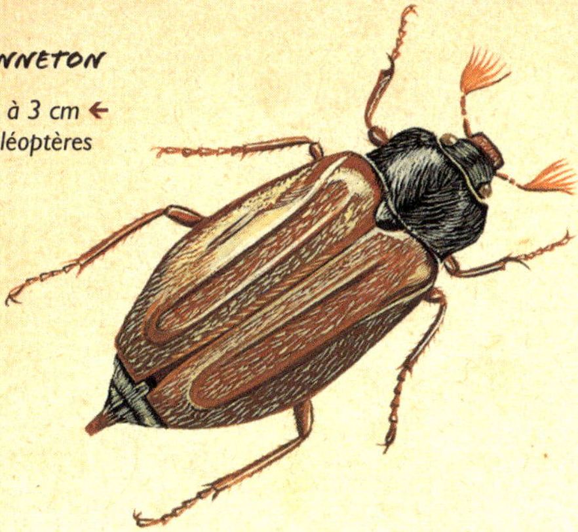

MOUCHE VERTE

→ 0,7 à 0,9 cm ←
Diptères

TAON DES PLUIES

→ 0,7 à 0,9 cm ←
Diptères

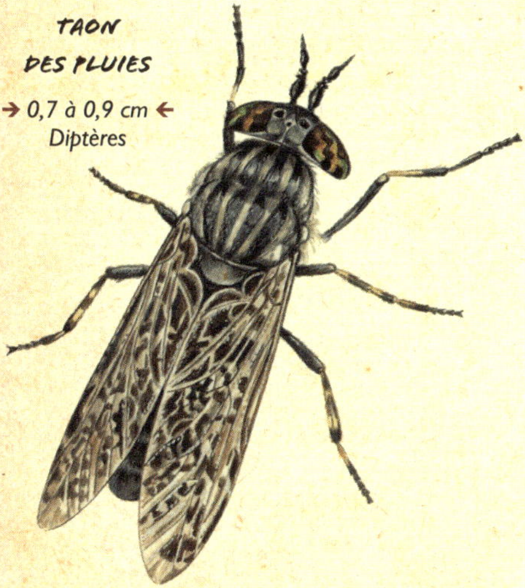

ABEILLE CHARPENTIÈRE

→ 2 à 3 cm ←
Hyménoptères

GRILLON CHAMPÊTRE

→ 2 à 2,5 cm ←
Orthoptères

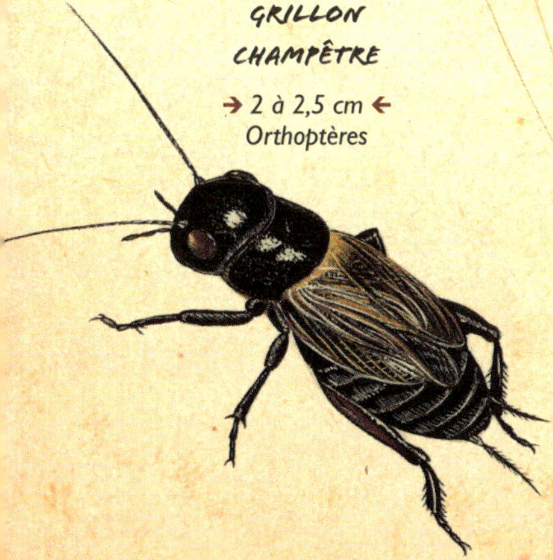

CRIQUET MÉLODIEUX

→ 1,3 à 2,2 cm ←
Orthoptères

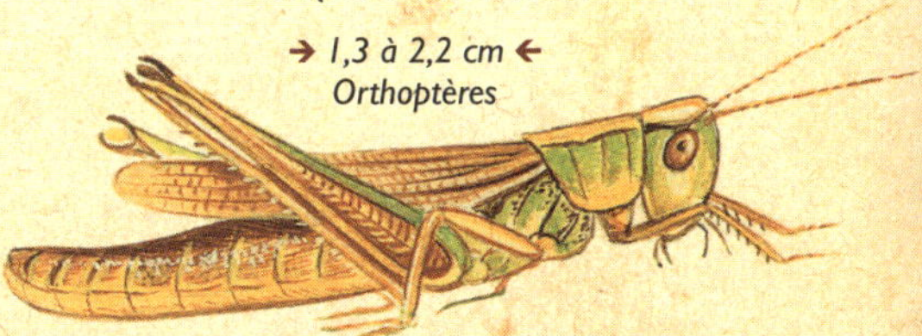

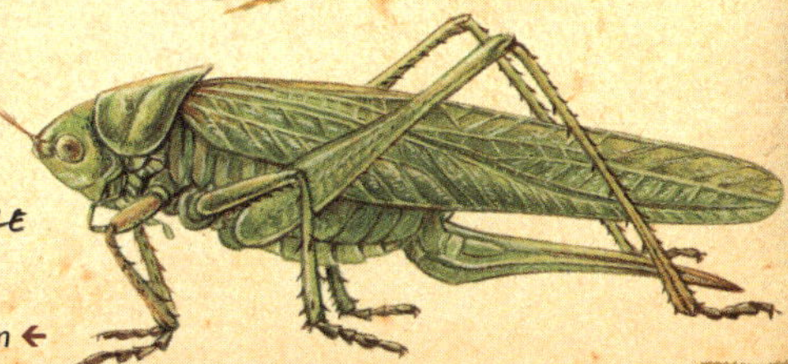

SAUTERELLE VERTE

→ 2,8 à 4,5 cm ←
Orthoptères

PISTE LES ANIMAUX

Les animaux sauvages sont difficiles à observer. En revanche, ils laissent de nombreuses traces et indices de leur présence. À toi de les découvrir… et de les identifier !

Où et quand chercher ?

Les indices de la présence d'animaux sauvages sont peu visibles, mais avec un peu d'attention, ils sont faciles à observer à certains endroits :

– à la croisée des chemins ;
– sur les terrains boueux, bords de flaques, de fossés, de ruisseaux ;
– sous les barbelés, en particulier si tu vois un léger creux sous le fil du bas ;
– au pied des noisetiers, chênes, pins ;
– au pied de perchoirs, comme un arbre ou un poteau un peu isolés ;
– à l'entrée d'une coulée (sentier étroit créé par un animal), dans les hautes herbes et les ronciers ;
– à la lisière d'une forêt et d'un champ ;
– dans un hangar ou une grange !

Cherche les indices tôt le matin, tant que les traces sont fraîches, car la plupart des animaux que tu pistes sont nocturnes. Ces traces seront plus faciles à distinguer après un jour de pluie ou dans la neige que sur un sol très sec.

Que chercher ?

Guette toutes les traces et tous les indices de passage : empreintes, coulées, terriers, crottes et traces d'urine, restes de repas (feuilles, graines, fruits grignotés), poils ou plumes, traces de grattage au sol ou sur les arbres… Certains signes sont bien cachés, il faut regarder de près.

Comment les identifier ?

Collecte les indices dans une boîte (par exemple, une boîte d'allumettes). Pour les empreintes, fais un moulage. Compare ensuite les fruits de ta récolte avec les fiches d'identification.
Ne te décourage pas si tu ne reconnais pas l'animal du premier coup. Gel, sécheresse, passages, les traces s'altèrent rapidement. En apprenant à identifier puis à suivre ses traces, tu découvriras les habitudes de l'animal, et tu seras donc prêt pour un affût nocturne couronné de succès !

Les animaux de la campagne

BLAIREAU
CERF
CHEVREUIL
HÉRISSON
Pelote
de réjection
CHOUETTE
EFFRAIE
MÉSANGE
SITTELLE
SANGLIER
LAPIN

ATTENTION PIQÛRE !

En balade, la rencontre avec certaines petites bêtes et plantes peut se révéler très désagréable. Apprends à les reconnaître et à les éviter, mais aussi à soigner les bobos qu'elles causent.

Guêpes, abeilles, frelons...

Voici 7 conseils pour les éviter !

– Évite les parfums et crèmes odorantes, susceptibles d'attirer les guêpes et les abeilles.
– Choisis des vêtements de couleur claire et pastel.
– Ne t'approche pas d'une ruche ou d'un nid : la plupart de ces insectes ne sont agressifs qu'à leur proximité immédiate. Si tu t'en es approché sans l'avoir vu, éloigne-toi rapidement de quelques mètres, mais sans geste brusque.
– Ne reste pas à proximité d'une poubelle mal fermée.
– Si un insecte tourne autour de toi, reste calme. Éloigne-toi sans geste brusque.
– Ne bois pas de boisson sucrée dans une canette : le sucre attire les insectes et tu ne verras pas si un insecte est entré dedans.
– Ne te promène pas pieds nus dans l'herbe.

Aïe, un dard !

Si tu es piqué, vérifie d'abord qu'il ne reste pas de dard à l'endroit de la piqûre. Si c'est le cas, retire-le en faisant glisser ton ongle ou le bord non tranchant d'un couteau parallèlement à la surface de la peau. N'utilise pas de pince, la glande à venin pourrait éclater et en libérer encore plus. Ne suce jamais une plaie et n'essaie pas de l'agrandir. Pour inactiver le venin, approche une source de chaleur (briquet ou allumette) à 1 ou 2 cm de la piqûre, pendant une minute. Tu peux aussi mettre du vinaigre ou du citron sur la piqûre. Si tu as été piqué plusieurs fois, que la zone piquée enfle ou que tu ne te sens pas bien, appelle tout de suite un médecin ou rends-toi à la pharmacie la plus proche.

Vive le plantain ! N° 75

En cas de coupure ou de piqûre (orties, guêpe...), écrase dans tes doigts une feuille de plantain et applique-la sur la blessure : le plantain contient un antiseptique naturel qui détruit le venin et empêche l'infection.

Les petites bêtes qui piquent et qui mordent

La plupart de ces petites bêtes vivent cachées sous des pierres, des souches, dans des trous… Elles ont mauvaise réputation, mais peu d'entre elles sont réellement dangereuses. En général, il suffit de ne pas les déranger pour éviter les ennuis.

SCORPION JAUNE

Scorpions
→ 5 à 9 cm ←

ABEILLE OUVRIÈRE

Hyménoptères
→ 1,5 cm ←

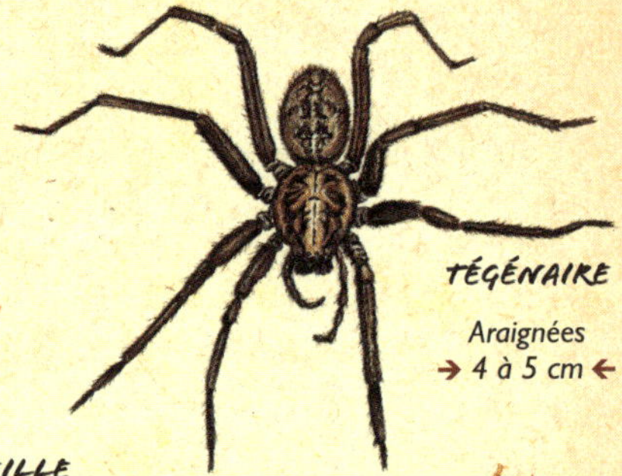

TÉGÉNAIRE

Araignées
→ 4 à 5 cm ←

MALMIGNATTE

Araignées
→ 1 à 2 cm ←

FRELON

Hyménoptères
→ 3,5 à 5 cm ←

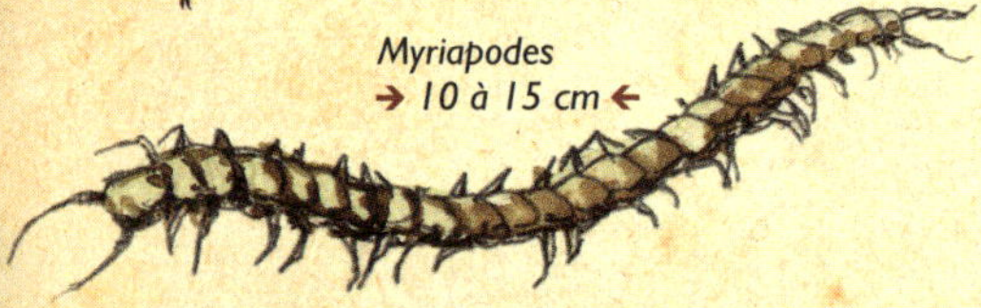

SCOLOPENDRE MÉDITERRANÉENNE

Myriapodes
→ 10 à 15 cm ←

BOURDON

Hyménoptères
→ 1,5 à 2,2 cm ←

ARAIGNÉE-LOUP

Araignées
→ 1 à 1,4 cm ←

SCORPION NOIR

Scorpions
→ 1,5 à 2 cm ←

GUÊPE

Hyménoptères
→ 1,5 cm ←

ARGIOPE

Araignées
→ 1,4 à 1,8 cm ←

Les plantes qui brûlent et qui piquent

Le contact avec les feuilles, les épines ou le jus de certaines plantes peut provoquer des irritations ou des brûlures douloureuses. Celles-ci sont désagréables, mais rarement dangereuses.

CLÉMATITE OU HERBE AUX GUEUX

⚠ Sève
→ *Bois et haies*

EUPHORBE DES BOIS

⚠ Sève
→ *Haies et fossés*

ORTIES

⚠ Poils
→ *Bois humides, fossés*

RONCES

⚠ Épines
→ *Haies et fossés*

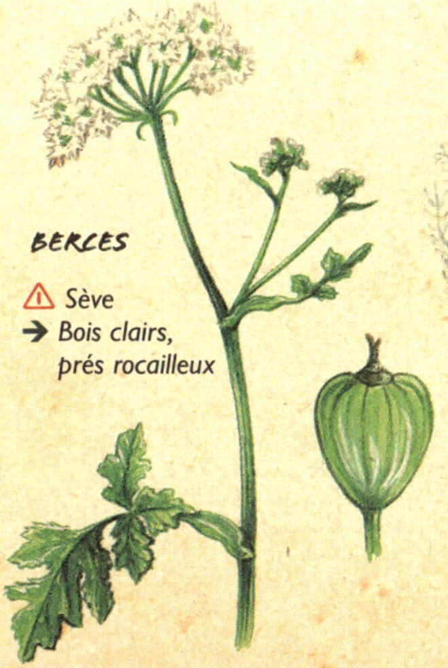

BERCES

⚠ Sève
→ *Bois clairs, prés rocailleux*

3/ EN VILLE : RANDO INSOLITE

Définis ton itinéraire

Repère sur une carte IGN récente les petits coins de nature perdus dans la ville et un itinéraire possible pour les rejoindre. Ne prévois pas un parcours de plus de 3 à 4 km, car il te faudra faire des détours pour trouver un chemin praticable.

Prépare ton matériel

AVANT DE PARTIR, VÉRIFIE QUE TU AS L'ÉQUIPEMENT NÉCESSAIRE :

- UNE CARTE IGN RÉCENTE
- UNE PAIRE DE CHAUSSURES DE MARCHE
- DES VÊTEMENTS ADAPTÉS AUX CONDITIONS MÉTÉO
- DES PETITES BOÎTES (BOÎTE D'ALLUMETTES, POT DE CONFITURE, VIEUX TUPPERWARE)
- UN APPAREIL PHOTO NUMÉRIQUE
- UNE BOUTEILLE D'EAU ET UN PETIT ENCAS

Les difficultés

Les randonnées en ville sont en général d'un niveau facile. La seule difficulté tient au fait qu'il faut créer son propre chemin, car celui-ci n'est pas indiqué. En plus des rues et des chemins, tu peux emprunter toutes les voies praticables : anciennes voies ferrées ouvertes au public, berges aménagées d'un canal ou d'un ruisseau…

Astuce

Fais une photocopie agrandie de la zone de ta balade et emporte-la avec toi. Ainsi, tu pourras y reporter ton itinéraire, l'annoter, signaler tes découvertes, les culs de sac…

Quelques précautions

Ne pénètre jamais dans une propriété privée sans l'autorisation du propriétaire. Prévois de finir ta randonnée avant la tombée de la nuit, car les coins de nature urbains deviennent parfois une vraie jungle une fois le soleil couché. Évite les constructions à l'abandon et fais attention où tu mets les pieds : tu pourrais te blesser sur un bout de verre, de ferraille ou autre.

Avec un peu de curiosité, tu peux découvrir des « parcours nature » surprenants, en pleine ville. Un parc public, un coin de bois, une rivière, une friche… chaque espace recèle des trésors naturels.

À LA CHASSE AUX TRÉSORS

Voici comment réaliser une véritable course aux trésors dans ta ville ! Tu es prêt ? C'est parti !

Organise ta chasse

Réunis quelques amis et constitue au moins deux équipes. Trace sur la carte un parcours de 5 à 6 km qui passe par trois parcs publics ou milieux naturels, libres d'accès et assez riches. Choisis trois à cinq points de passage obligatoires.

Matériel par équipe

- UNE CARTE AVEC L'ITINÉRAIRE
- UNE LISTE DES TRÉSORS À TROUVER
- LE GUIDE DE L'EXPLORATEUR JUNIOR OU UNE COPIE DES PAGES 38-39, 42-43, 44-45
- UN PETIT SAC À INDICES POUR RANGER VOS TROUVAILLES
- UN APPAREIL PHOTO NUMÉRIQUE

Règle du jeu

Toutes les équipes partent en même temps. Elles doivent trouver un maximum d'indices de la liste en passant par les points obligatoires. On peut, soit récolter les indices dans le sac à trouvailles, soit en prendre une photo bien nette, l'indice devant être en suffisamment gros plan. Comme preuve de son passage au point obligatoire, l'équipe prend une photo du lieu : les membres de l'équipe devant l'entrée du parc, la plaque de la rue, la statue… Chaque indice récolté rapporte 1 point, et on marque 1 point supplémentaire si on en identifie l'espèce. La première équipe qui revient au lieu de départ marque 5 points. L'équipe qui marque le plus de points a gagné.

Indices à récolter	Espèce
5 FEUILLES D'ARBRES DIFFÉRENTS CLASSÉES PAR ORDRE DE TAILLE DE L'ARBRE (DU PLUS PETIT AU PLUS GRAND)	1 ...... 2 ...... 3 ...... 4 ...... 5 ......
3 FLEURS DE COULEURS DIFFÉRENTES	1 ...... 2 ...... 3 ......
3 CAILLOUX DE ROCHES DIFFÉRENTES	1 ...... 2 ...... 3 ......
3 PHOTOS D'OISEAUX D'ESPÈCES DIFFÉRENTES OU DE LEUR NID	1 ...... 2 ...... 3 ......
3 PHOTOS D'INSECTES D'ESPÈCES DIFFÉRENTES	1 ...... 2 ...... 3 ......
3 PHOTOS D'ANIMAUX OU D'INDICES D'ANIMAUX (CROTTES, EMPREINTES) D'ESPÈCES DIFFÉRENTES (NI OISEAUX NI INSECTES)	1 ...... 2 ...... 3 ......

Le journal des trésors

Au retour, crée un album avec tous tes indices et tes photos en indiquant l'espèce des indices, le lieu et la date de leur récolte, sans oublier la photo de tes copains. Voici ton premier journal de randonnée !

Les animaux citadins

CRAPAUD COMMUN
→ 8 à 9 cm ←

PIPISTRELLE
→ 7 cm ←

ROUGE-GORGE FAMILIER
→ 13 cm ←

PIGEON DOMESTIQUE
→ 32 cm ←

MÉSANGE CHARBONNIÈRE
→ 13 cm ←

PIE BAVARDE
→ 45 cm ←

HÉRISSON D'EUROPE
→ 20 à 30 cm ←

LÉZARD DES MURAILLES
→ 18 cm ←

ESCARGOT DES HAIES

→ 1 à 1,5 cm ←

SURMULOT

→ 37 à 50 cm ←

SÉROTINE

→ 10 à 14 cm ←

PIGEON RAMIER

→ 40 cm ←

MOINEAU DOMESTIQUE

→ 15 cm ←

MERLE NOIR

→ 24 cm ←

ÉCUREUIL ROUX

→ 35 à 45 cm ←

CYGNE TUBERCULÉ

→ 150 cm ←

CANARD COLVERT

→ 55 cm ←

LA BIODIVERSITÉ DANS TA CITÉ

Pars à la recherche de toutes les espèces animales et végétales vivant dans ton voisinage, et dresse une carte de la biodiversité dans ta ville.

Où chercher ?

Les animaux et les plantes foisonnent autour de toi, même en ville. Explore les parcs, les vieux murs, les flaques d'eau, les mares, les arbres qui bordent la rue, la cave de ta maison… Observe attentivement les points élevés : églises, pylônes, cheminées d'usine, toits… Explore aussi les espaces naturels en bordure de la ville. Emprunte les chemins qui rejoignent la campagne environnante. Poste-toi à l'affût près de fleurs pour observer les insectes butineurs. Près du sol, parmis les feuilles ou sous les morceaux de bois et les pierres, tu découvriras aussi un petit monde plein de vie.

Que chercher ?

Ne cherche pas de gros animaux, pars plutôt à la rencontre des oiseaux, des insectes, des petits mammifères, des lézards et des amphibiens. Récolte de préférence les feuilles, les fruits et les fleurs des plantes qui t'intéressent. Aide-toi des fiches d'identification de ce livre.

Quelle récolte ?

Fais sécher entre les pages d'un annuaire les plantes que tu as ramassées : tu pourras ainsi créer un herbier. Récolte dans des boîtes les indices des animaux que tu croises : plumes, nids tombés… Photographie avec un appareil numérique les animaux que tu rencontres. Et n'oublie pas de noter où et quand tu as trouvé tel ou tel élément, afin de dresser une carte de la biodiversité dans ta ville.

Les papillons et les arachnides citadins

ARGUS BLEU
→ 2,8 à 3,5 cm ←
PAON DU JOUR
→ 5 cm ←
PIÉRIDE
DU CHOU
→ 5 à 6 cm ←
MACHAON
→ 7 à 8 cm ←
PETITE
TORTUE
→ 4 à 5 cm ←
TÉGÉNAIRE
DOMESTIQUE
→ 1,2 cm ←
OPILION
→ 0,8 cm ←
ZYGIELLE
DES FENÊTRES
→ 0,7 à 1,1 cm ←
PHOLCUS
→ 0,8 à 1,2 cm ←

Les plantes citadines

Où les trouver ?

- ■ *Terrains vagues, entre les pavés, coins des maisons, pelouses piétinées*
- ▲ *Friches, sols riches en azote, bords de ruisseaux*
- ● *Prairies, pelouses*
- ✖ *Vieux murs, toits*

ORPIN BLANC
jusqu'à 20 cm
✖

ACHILLÉE MILLEFEUILLE
jusqu'à 50 cm
●

LIERRE
jusqu'à 2 000 cm
✖

TRÈFLE BLANC
jusqu'à 30 cm
■

PISSENLIT
jusqu'à 40 cm
■

FÉTUQUE ÉLEVÉE
jusqu'à 200 cm
●

GRANDE ORTIE
jusqu'à 120 cm
▲

PLANTAIN LANCÉOLÉ
jusqu'à 40 cm
■
RENOUÉE DES OISEAUX
jusqu'à 50 cm
▲
GRANDE BERCE
jusqu'à 150 cm
▲
CONSOUDE OFFICINALE
jusqu'à 100 cm
▲
GAILLET MOU
jusqu'à 80 cm
▲
CHÉLIDOINE
jusqu'à 70 cm
▲
RENONCULE BOUTON-D'OR
jusqu'à 40 cm
●
CAPILLAIRE DES MURAILLES
jusqu'à 20 cm
✖
PÂQUERETTE
jusqu'à 15 cm
●

4/ À LA MER : RANDO MARINE

Définis ton itinéraire

Voici une randonnée simple : il te suffit de suivre le bord de mer. Normalement, il n'appartient à personne, il est donc accessible pratiquement partout. Choisis un itinéraire de 4 à 8 km. Si une partie du trajet n'est pas accessible, rejoins la route la plus proche. Lorsqu'un chemin revient à la côte, vérifie que le bord de mer est libre… Tu seras parfois obligé de faire plusieurs allers-retours.

Prépare ton matériel

CETTE RANDO SE PRATIQUE SUR LE SABLE, LES GALETS... UN TERRAIN MEUBLE, QUI FATIGUE VITE LES MOLLETS. PRÉVOIS :

- DES VÊTEMENTS LÉGERS QUI SÈCHENT RAPIDEMENT
- UN COUPE-VENT
- UN VÊTEMENT DE PLUIE
- UN CHAPEAU
- UNE BONNE PAIRE DE CHAUSSURES, VOIRE UNE PAIRE DE BOTTES SI TU ENVISAGES DE MARCHER LES PIEDS DANS L'EAU
- UNE BOUTEILLE D'EAU
- UN ENCAS

Les marées

Au bord de l'océan, quatre fois par jour, la mer monte et descend : c'est la marée. Ce phénomène est lié à l'attraction de la lune et aussi, un peu, du soleil. De la mer du Nord à l'océan Atlantique, la marée dure environ 6 h. Il y a 2 marées hautes et 2 marées basses par jour, dont les horaires se décalent. En revanche, en Méditerranée, elles sont tellement faibles (pas plus de 40 cm) que l'on n'en tient pas compte.

Quelques précautions

- Évite absolument les jours de tempête : c'est spectaculaire, mais les vagues qui déferlent sur le littoral risqueraient de t'emporter.
- À marée montante, ne t'engage jamais sur un banc de sable ou de rochers : la mer pourrait te bloquer sur un îlot ou t'emporter.
- En bord de mer, les rochers humides et couverts d'algues sont glissants. Les blocs de rochers bruts et les coquillages rendent toute chute douloureuse. Avance en assurant chacun de tes pas.

Balise ton parcours

À marée haute, la plage et parfois même le chemin peuvent être recouverts. Consulte un annuaire des marées pour établir ton itinéraire. Choisis des jours à faible coefficient et calcule ton itinéraire avec une marge horaire de sécurité.

Marcher le long de la plage dans l'odeur iodée de la mer, contempler l'horizon, entendre les mouettes et sentir les embruns sur ton visage…

La Rochelle

	Pleines mers						Basses mers			
	matin h mn	haut. m	coef.	soir h mn	haut. m	coef.	matin h mn	haut. m	soir h mn	haut. m
1 V	05 20	5.35	78	17 31	5,60	81	11 45	1,30	-- --	--
2 S	05 58	5.50	84	18 10	5,75	86	00 15	1,15	12 27	1,15
3 D	06 37	5.60	88	18 49	5,80	89	00 57	0,95	[illegible]	1,00
4 L	07 17	5,60	90	19 30	5,80	89	01 40	0,86	13 53	1,00
5 M	07 59	5,50	88	20 13	5,70	86	02 24	0,85	14 38	1,05
6 M	08 42	5,35	84	20 58	5,50	81	03 09	0,95	[illegible]	1,15
7 J	09 29	5,15	77	21 47	5,25	73	03 57	1,10	16 17	1,30
8 V	10 27	4,95	68	22 47	5,00	64	04 50	1,35	[illegible]	1,50
9 S	11 56	4,80	61	-- --	--	--	[illegible]	1,55	[illegible]	1,65
10 D	00 20	4,80	58	13 43	4,85	56	[illegible]	1,70	19 24	1,75
11 L	02 21	4,80	57	14 51	5,00	58	08 04	1,75	20 34	1,65
12 M	03 31	4,90	61	15 43	5,20	65	[illegible]	1,65	21 41	1,50
13 M	04 22	5,05	69	16 25	5,40	73	[illegible]	1,45	22 41	1,30
14 J	05 00	5,25	77	17 02	5,60	81	[illegible]	1,25	23 34	1,10
15 V	05 31	5,35	84	17 37	5,75	86	11 54	1,10	-- --	--
16 S	06 01	5,45	88	18 12	5,80	88	00 21	1,00	12 37	1,05
17 D	06 31	5,50	88	18 46	5,80	87	01 04	0,95	13 16	1,10
18 L	07 02	5,50	88	19 20	5,70	83	[illegible]	1,00	[illegible]	1,20
19 M	07 33	5,40	80	19 54	5,55	77	[illegible]	1,15	[illegible]	1,40
20 M	08 04	5,30	73	20 27	5,30	68	[illegible]	1,35	[illegible]	1,65
21 J	08 37	5,05	64	21 03	5,05	59	[illegible]	1,60	15 46	1,90
22 V	09 11	4,85	54	21 42	4,75	49	04 07	1,85	[illegible]	2,15
23 S	09 51	4,60	44	22 33	4,50	40	[illegible]	2,15	17 23	2,40
24 D	10 50	4,35	37	-- --	--	--	[illegible]	2,35	[illegible]	2,50
25 L	00 13	4,35	35	13 32	4,35	34	[illegible]	2,45	[illegible]	2,50
26 M	01 55	4,40	36	14 38	4,55	39	[illegible]	2,40	[illegible]	2,30
27 M	02 58	4,60	44	15 23	4,85	49	[illegible]	2,20	[illegible]	2,00
28 J	03 44	4,85	56	16 03	5,15	62	[illegible]	1,90	[illegible]	1,65
29 V	04 27	5,15	68	16 41	5,45	75	10 43	1,55	[illegible]	1,30
30 S	05 07	5,40	81	17 19	5,70	86	[illegible]	1,20	23 56	0,95
31 D	05 46	5,65	91	17 58	5,95	95	-- --	--	[illegible]	0,90

LA PÊCHE À PIED

À marée basse, mille et un trésors sont cachés dans les flaques, dans les algues, sous les rochers ou dans le sable. Pars à leur recherche !

Matériel

- UN SEAU
- UN POT À CONFITURE OU UNE BOÎTE-LOUPE
- UNE ÉPUISETTE ASSEZ GRANDE
- UN CROCHET
- UNE PELLE

Le meilleur moment

Pour réussir ta pêche à pied, choisis des marées de coefficient 90 et plus, et sors à la moitié de la marée descendante (3 h après la marée haute). Suis la mer au fur et à mesure qu'elle descend, et commence à revenir vers la plage une demi-heure avant la marée basse.

AU CROCHET
Va chercher avec ton crochet les crabes qui se cachent dans les trous.

L'annuaire des marées

On peut calculer à l'avance les mouvements de la lune et donc la date, l'heure et la force de chaque marée. Les annuaires des marées sont disponibles dans les offices de tourisme et commerces en bord de mer. Attention, les marées ne sont pas les mêmes au Touquet et à Arcachon !

La Rochelle

	Pleines mers matin h mn	haut. m	coef.	Pleines mers soir h mn	haut. m	coef.	Basses mers matin h mn	haut. m	Basses mers soir h mn	haut. m
1 V	05 20	5,35	78	17 31	5,60	81	11 48	1,30	--	--
2 S	05 58	5,50	84	18 10	5,75	86	00 18	1,15	12 27	1,15
3 D	06 37	5,60	88	18 49	5,80	89	00 57	0,95	13 10	1,00
4 L	07 17	5,60	90	19 30	5,80	89	01 40	0,85	13 53	1,00
5 M	07 59	5,50	88	20 13	5,70	86	02 24	0,85	14 36	1,05
6 M	08 42	5,35	84	20 58	5,50	81	03 08	0,95	15 20	1,15
7 J	09 29	5,15	77	21 47	5,25	73	03 57	1,10	16 17	1,30
8 V	10 27	4,95	68	22 47	5,00	64	04 50	1,35	17 14	1,50
9 S	11 58	4,80	61	-- --	--	--	05 48	1,55	18 17	1,65
10 D	00 20	4,80	58	13 43	4,85	56	06 54	1,70	19 24	1,75
11 L	02 21	4,80	57	14 51	5,00	58	08 04	1,75	20 34	1,65
12 M	03 31	4,90	61	15 43	5,20	65	09 11	1,65	21 41	1,50
13 M	04 22	5,05	69	16 25	5,40	73	10 12	1,45	22 41	1,30
14 J	05 00	5,25	77	17 02	5,60	81	11 08	1,25	23 34	1,10
15 V	05 31	5,35	84	17 37	5,75	86	11 54	1,10	-- --	--
16 S	06 01	5,45	88	18 12	5,80	88	00 21	1,00	12 37	1,05
17 D	06 31	5,50	88	18 46	5,80	87	01 04	0,95	13 18	1,10
18 L	07 02	5,50	86	19 20	5,70	83	01 43	1,00	13 58	1,20
19 M	07 33	5,40	80	19 54	5,55	77	02 19	1,15	14 33	1,40
20 M	08 04	5,30	73	20 27	5,30	68	02 54	1,35	15 10	1,65
21 J	08 37	5,05	64	21 03	5,05	59	03 29	1,60	15 48	1,90
22 V	09 11	4,85	54	21 42	4,75	49	04 07	1,85	16 32	2,15
23 S	09 51	4,60	44	22 33	4,50	40	04 48	2,15	17 23	2,40
24 D	10 50	4,35	37	-- --	--	--	05 41	2,35	18 23	2,50
25 L	00 13	4,35	35	13 32	4,35	34	06 43	2,45	19 30	2,50
26 M	01 55	4,40	36	14 38	4,55	39	07 52	2,40	20 38	2,30
27 M	02 55	4,60	44	15 23	4,85	49	08 58	2,20	21 35	2,00
28	03 44	4,85	56	16 03	5,15	62	09 54	1,90	22 25	1,65
							10 43	1,55	23 12	1,30

À LA PELLE

Qui se cache dans le sable mouillé? Cherche un trou voisinant avec un petit tas de sable en forme de spaghettis. Creuse à 20 ou 30 cm de profondeur et tu trouveras une arénicole. Repère deux trous rapprochés dans le sable mouillé, creuse à 20 cm et tu trouveras une coque.

À L'ÉPUISETTE

Plonge ton épuisette dans les flaques, en particulier là où il y a des algues. Remonte-la et fouille attentivement ton filet. Tu y trouveras petits poissons, crevettes et autres crustacés.

Les coefficients

Le coefficient des marées oscille de 20 (petite marée) au minimum, à 120 (grande marée) au maximum. Les marées sont les plus fortes au moment de la pleine lune et de la nouvelle lune. La mer se retire alors très loin et découvre la plage sur des centaines de mètres. Les plus grandes marées de l'année surviennent lors des équinoxes de printemps (20-21 mars) et d'automne (22-23 septembre).

Au galop!

Sur les côtes de la Manche, les marées peuvent atteindre 14 m, c'est-à-dire que la mer monte et descend de 14 m! Ce sont parmi les plus hautes marées du monde. Quand la mer remonte dans la baie du Mont-Saint-Michel, on dit qu'elle atteint la vitesse d'un cheval au galop.

Astuce

Aide-toi de la fiche pages 50-51 pour identifier tes trouvailles.

Les petites bêtes du bord de mer

■ *Pêchés à l'épuisette*

▲ *Pêchés au crochet ou sous les rochers*

● *Dans le sable*

* *Comestibles*

** *Excellents appâts pour la pêche à la ligne*

GOBIE PAGANEL

Perciformes

→ 8 à 12 cm ←

■

TOURTEAU *

Crustacés décapodes

→ 15 à 30 cm ←

▲

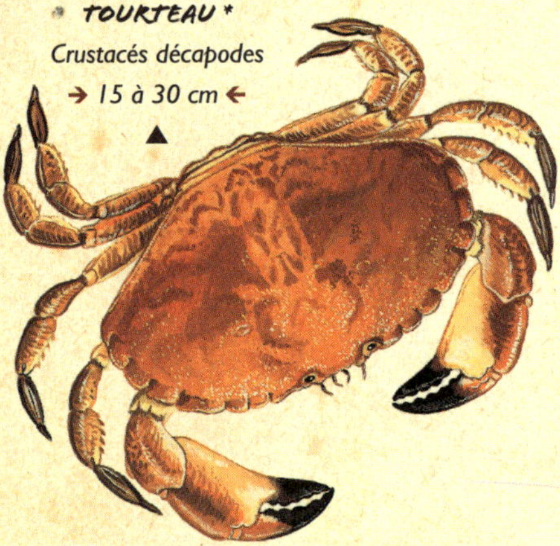

PALOURDE D'EUROPE *

Mollusques bivalves

→ 4 à 6 cm ←

●

BERNARD-L'ERMITE

Crustacés décapodes

→ 3 à 8 cm ←

■

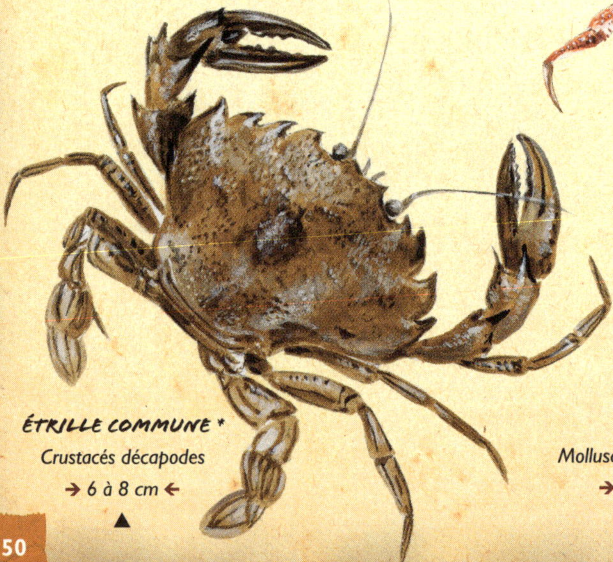

ÉTRILLE COMMUNE *

Crustacés décapodes

→ 6 à 8 cm ←

▲

PATELLE

Mollusques gastéropodes

→ 3 à 6 cm ←

▲

COUTEAU DROIT * **
Mollusques bivalves
→ 8 à 17 cm ←
●

HUÎTRE CREUSE *
Mollusques bivalves
→ 12 à 25 cm ←
▲

CREVETTE GRISE *
Crustacés décapodes
→ 5 à 8 cm ←
■

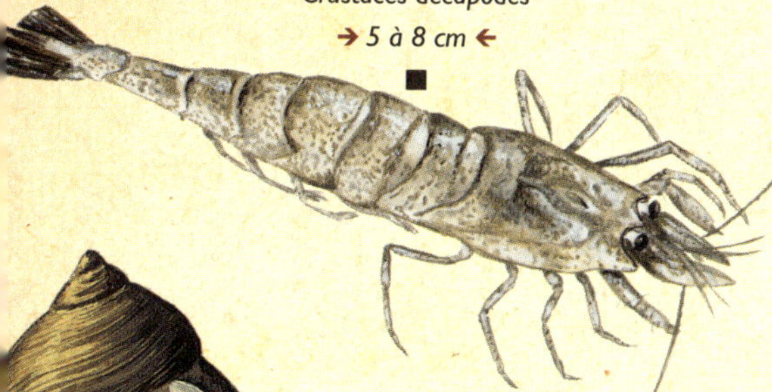

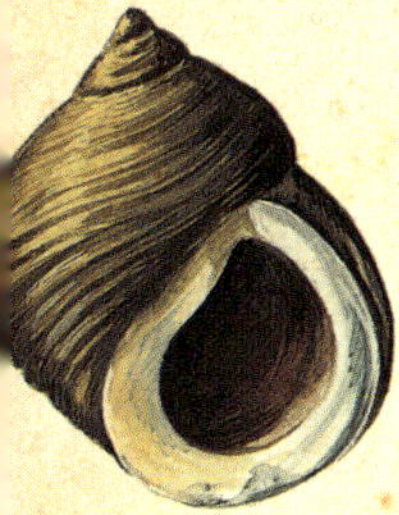

BIGORNEAU *
Mollusques gastéropodes
→ 1,5 à 3 cm ←
▲

COQUE COMMUNE *
Mollusques bivalves
→ 1,5 à 3,5 cm ←
●

ARÉNICOLE **
Vers néréides
→ 10 à 25 cm ←
●

MOULE *
Mollusques bivalves
→ 2,5 à 10 cm ←
▲

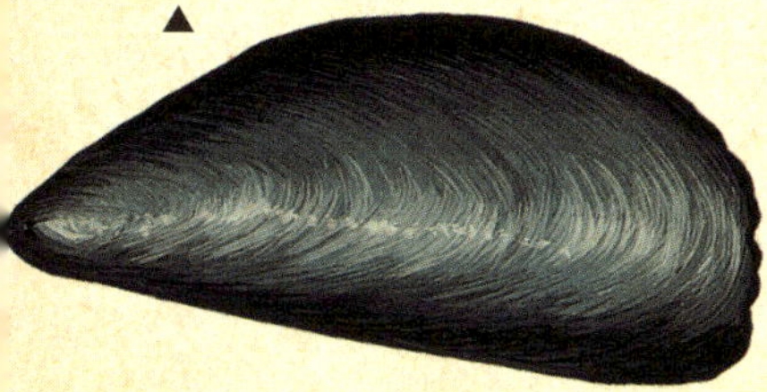

BLENNIE GATTORUGINE
Perciformes
→ 12 à 30 cm ←
■

CLAM *
Mollusques bivalves
→ 10 à 13 cm ←
●

CRABE VERT *
Crustacés décapodes
→ 6 à 8 cm ←
■

LE COFFRE AUX TRÉSORS

À la limite de la haute mer, les vagues déposent algues, coquillages, débris d'animaux morts, bois flottés… et aussi, malheureusement, morceaux de filets de pêche, bouées, casiers, bouteilles… C'est la laisse de mer.

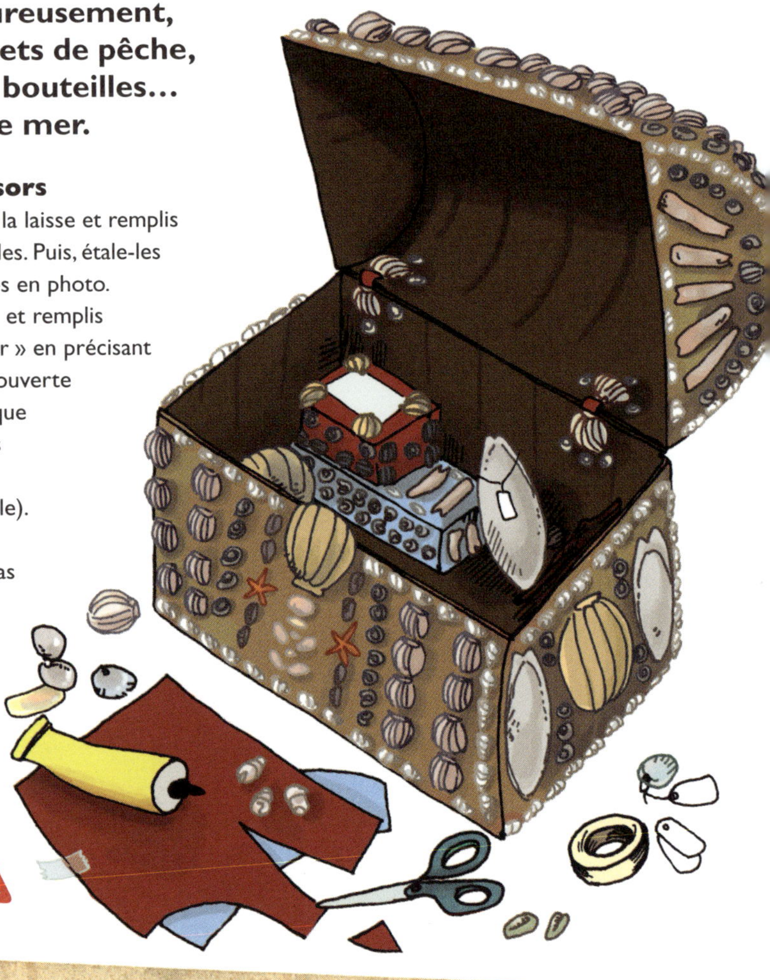

La chasse aux trésors

Balade-toi à la limite de la laisse et remplis ton seau de tes trouvailles. Puis, étale-les sur le sable et prends-les en photo. Identifie chacune d'elles et remplis une fiche « Trésor de mer » en précisant le lieu et la date de découverte de chaque trésor, ainsi que sa nature. Range-le dans une petite boîte (boîte d'allumettes, par exemple). Place tes boîtes dans un carton que tu pourras décorer à la manière d'un coffre aux trésors.

FAIS-TOI AIDER PAR UN ADULTE

Astuce

S'il reste de la chair sur le squelette ou le coquillage que tu as ramassé, cela va sentir très mauvais ! Laisse-le tremper 3 jours dans un seau d'eau avec un peu d'eau de Javel (à manipuler avec précaution). Puis rince-le et brosse-le. Fais-le sécher 3 jours au soleil. Ça y est, ton trésor est prêt à rejoindre sa boîte !

FABRIQUE UN AQUASCOPE

Pour mieux observer les bestioles qui vivent sous la surface de l'eau, tu peux utiliser un masque et un tuba. Mais il y a bien plus amusant à faire : utiliser un aquascope que tu auras fabriqué.

Matériel

- UN TUBE EN PVC DE 40 CM DE LONG ET 20 CM DE DIAMÈTRE
- UNE PLAQUE DE PLASTIQUE RIGIDE TRANSPARENT (PLEXIGLAS®) DE FORMAT A4, ET DE 2 À 3 MM D'ÉPAISSEUR
- UN TUBE DE COLLE ÉPOXY OU NÉOPRÈNE
- UNE SCIE À MÉTAUX
- UNE CALE À PONCER
- UN FEUTRE INDÉLÉBILE

FAIS-TOI AIDER PAR UN ADULTE

1. *Trace au feutre indélébile un rond de 20 cm de diamètre sur ta plaque de plastique.*
2. *Découpe-la à la scie.*
3. *Lisse les bords avec la cale à poncer.*
4. *Ponce légèrement l'extrémité du tube en pvc.*
5. *Colle soigneusement le rond à l'extrémité du tube.*
6. *Laisse sécher pendant 24 h.*

Ton aquascope est prêt !

La technique

Plonge ton aquascope dans moins de 20 cm d'eau et regarde le fond. En te déplaçant lentement au-dessus des algues et des rochers, tu verras poissons, crevettes et crabes sortir de leurs trous, et les actinies déployer leurs tentacules.

Les laisses de mer

TEST D'OURSIN
Échinodermes
→ 4 à 10 cm ←

PÉTONCLE VARIABLE
Mollusques bivalves
→ 1,5 à 5 cm ←

TROQUE OMBILIQUÉE
Mollusques gastéropodes
→ 0,8 à 1,5 cm ←

BUCCIN
Mollusques gastéropodes
→ 5 à 10 cm ←

ŒUF DE ROUSSETTE
Scylliorhinidés
→ 15 à 20 cm ←

OS DE SEICHE
Mollusques céphalopodes
→ 8 à 20 cm ←

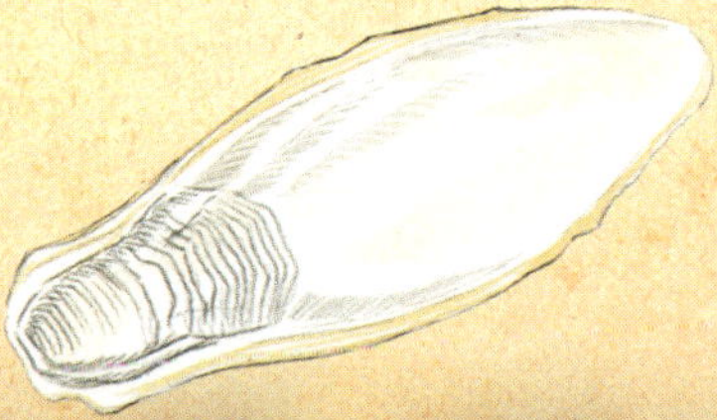

LITTORINE
Mollusques gastéropodes
→ 1,5 à 3 cm ←

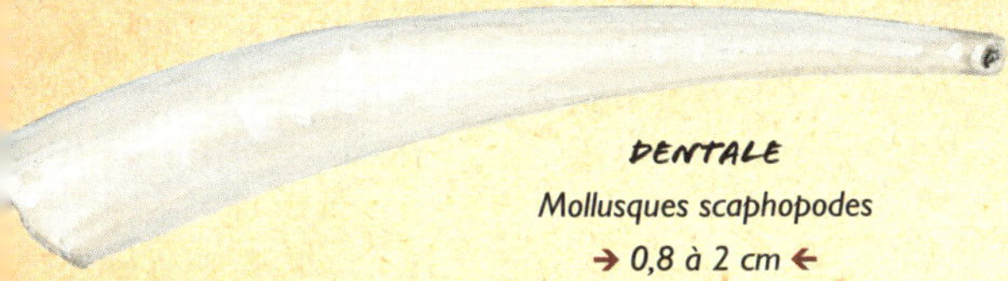

DENTALE
Mollusques scaphopodes
→ 0,8 à 2 cm ←

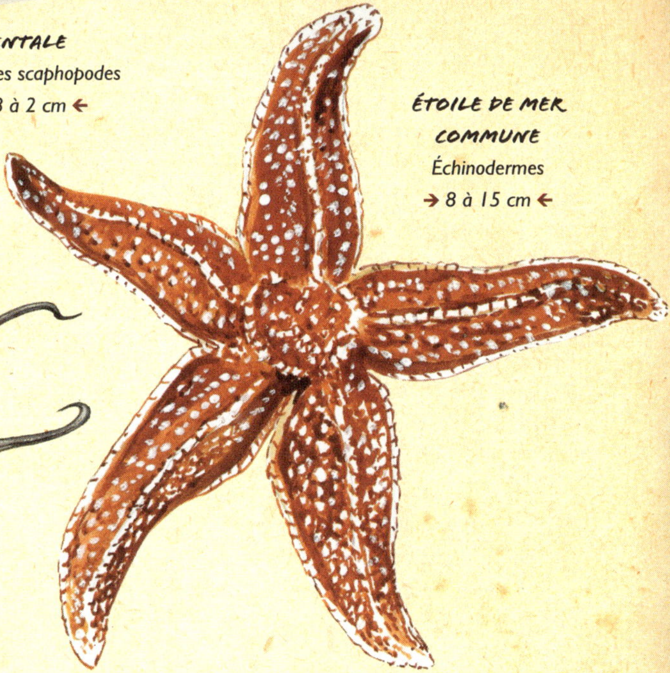

ÉTOILE DE MER COMMUNE
Échinodermes
→ 8 à 15 cm ←

TELLINE
Mollusques bivalves
→ 1,5 à 2,5 cm ←

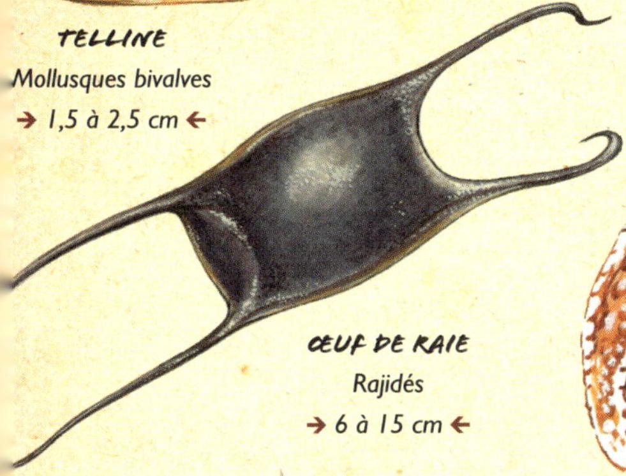

ŒUF DE RAIE
Rajidés
→ 6 à 15 cm ←

TALITRE
Crustacés amphipodes
→ 0,5 à 1,5 cm ←

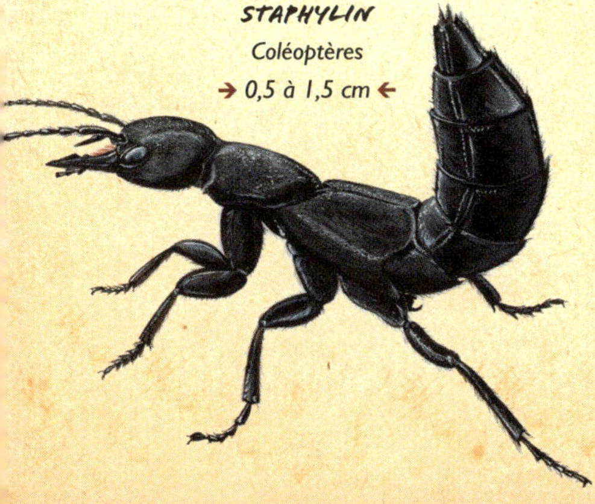

STAPHYLIN
Coléoptères
→ 0,5 à 1,5 cm ←

LAMINAIRE DIGITÉE
Algues brunes
→ 50 à 250 cm ←

LAITUE DE MER
Algues vertes
→ 5 à 25 cm ←

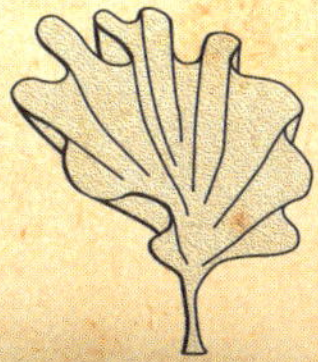

FUCUS VÉSICULEUX
Algues brunes
→ 30 à 100 cm ←

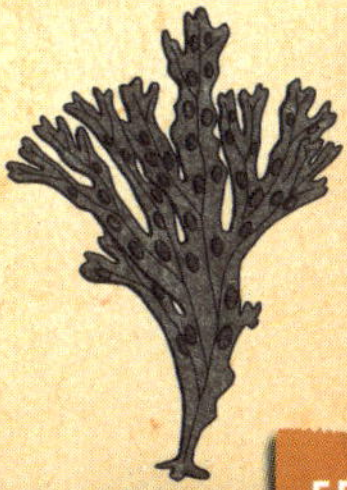

BOBOS À LA PLAGE

En bord de mer, le soleil n'est pas toujours ton ami… et les méduses non plus. Voici quelques petits ennuis, faciles à éviter ou à soigner.

Attention méduses !

Il est fréquent de rencontrer des méduses en bord de mer ou échouées sur la plage. Certaines sont d'assez grande taille, d'autres sont minuscules (notamment les jeunes). Leur corps translucide les rend presque invisibles dans l'eau. Les méduses ont des tentacules équipés d'armes extrêmement efficaces : les cnidocytes, ou « cellules qui piquent ». Elles s'en servent pour attaquer leurs proies. Chaque cnidocyte renferme un harpon qui se détend au contact et inocule du poison. Cependant, beaucoup de méduses sont inoffensives. Dans les eaux françaises, leurs piqûres sont rarement graves.

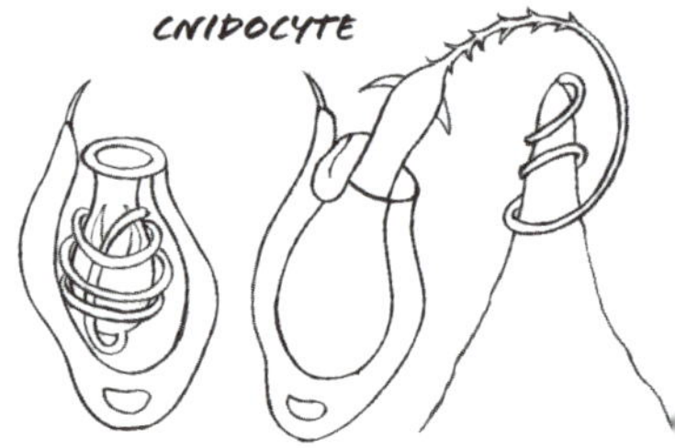

Que faire en cas de piqûre ?

Si tu es piqué par une méduse, tu ressentiras d'abord une vive douleur, suivie d'une sensation de brûlure. Des cloques pourront ensuite apparaître. Rince abondamment la brûlure à l'eau de mer pour décoller les filaments. Mets un peu de sable sur la zone touchée, puis racle-la délicatement avec une carte de crédit pour éliminer les derniers filaments. N'asperge jamais la plaie avec de l'eau douce, du vinaigre ou de l'urine : cela ferait immédiatement réagir les cnidocytes restants et aggraverait ainsi ta brûlure !

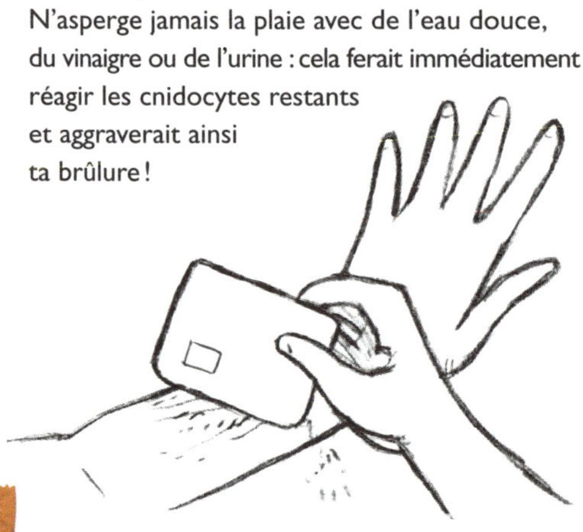

Attention soleil !

Au bord de la mer, la brise permanente et la fraîcheur de l'eau font oublier que le soleil chauffe. La réverbération de la lumière sur l'eau accentue les risques de coup de soleil, voire d'insolation. Protège-toi en évitant la plage aux heures les plus chaudes de la journée. Porte un chapeau et mets une crème solaire à fort indice. Baigne-toi régulièrement en n'oubliant pas d'entrer progressivement dans l'eau et de bien te mouiller d'abord la tête et la nuque.
Si tu ne te sens pas bien, que tu as mal à la tête, voire envie de vomir, tu es peut-être victime d'une insolation. Allonge-toi à l'ombre, bois de petites quantités de jus de fruits ou d'eau sucrée. Applique un linge mouillé sur ton front et ta nuque. Si tu as de la lavande, tu peux t'en frictionner les tempes.

LAVANDE

très urticantes

MÉDUSE RAYONNÉE

→ ombrelle 30 cm ←

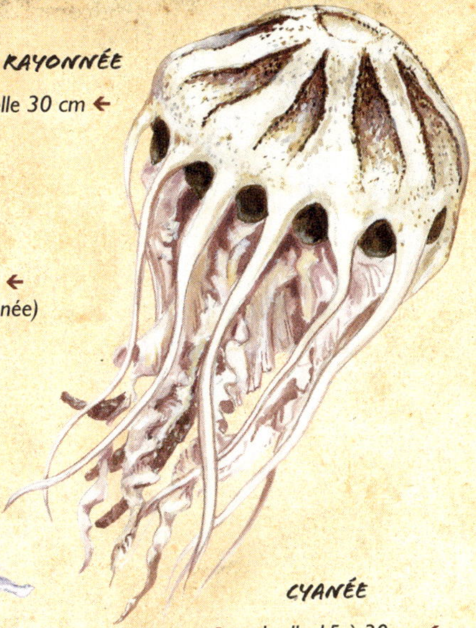

PÉLAGIE

→ ombrelle 17 cm ←
(plutôt en Méditerranée)

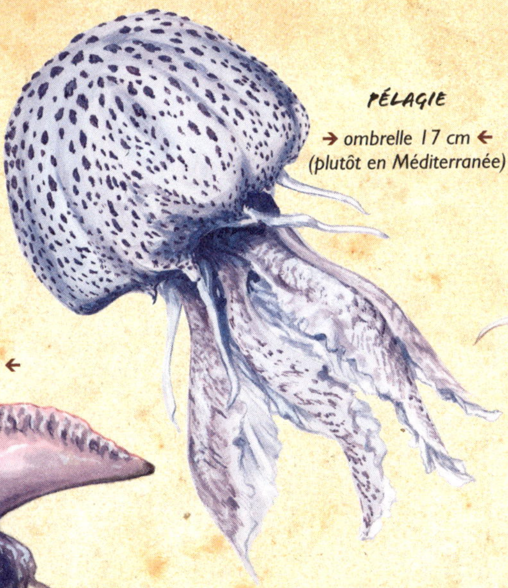

PHYSALIE

→ flotteur 15 à 30 cm ←

CYANÉE

→ ombrelle 15 à 30 cm ←

Attention, même quand une méduse est morte et échouée depuis longtemps, ses cnidocytes peuvent être encore actifs, car leur déclenchement est mécanique !

UN PÊCHEUR SACHANT PÊCHER

Voici quelques conseils pour bien profiter de ta pêche et de la plage, en contribuant à protéger la biodiversité.

Les 5 commandements du pêcheur responsable

Si tu souhaites consommer le fruit de ta pêche, respecte ces règles :

1. Vérifie que la pêche à pied est autorisée dans la zone où tu te trouves. Choisis une plage propre : elle doit être éloignée de plus de 1 km de toute ville, port ou usine.
2. Laisse les petits pour une pêche future ! Respecte la taille réglementaire minimale de chaque espèce.
3. Ne pêche pas dans les parcs à huîtres.
4. Une fois ta pêche finie, ne garde que ce que tu penses consommer. Relâche tes autres prises là où tu les as trouvées. Replace les rochers que tu as déplacés. Sinon, les pêches se feront de plus en plus maigres…
5. Conserve ta pêche au frais sous un lit d'algues humides et lave-la soigneusement, avant de la manger le jour même.

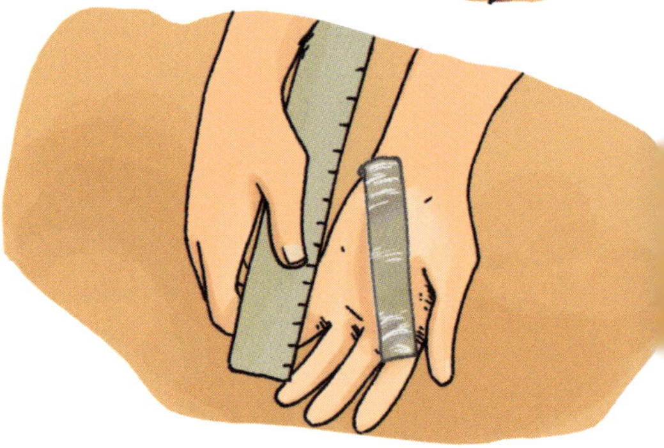

Tailles minimales réglementaires

Attention : les règles de la pêche à pied peuvent varier légèrement d'une région à l'autre.

BUCCIN

→ 4,5 cm ←

ÉTRILLE

→ 5-7 cm ←

PALOURDE

→ 4 cm ←

MOULES

→ 4 cm ←

COQUE

→ 2,7 cm ←

HUÎTRE CREUSE

→ 6 cm ←

CLAM

→ 4,5 cm ←

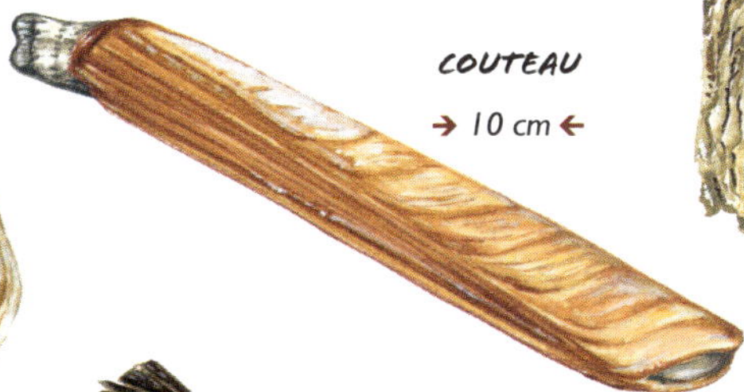

COUTEAU

→ 10 cm ←

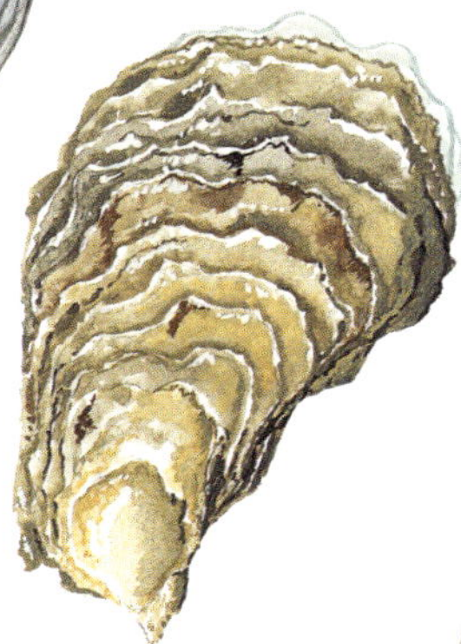

TOURTEAU

→ 14 cm ←

CREVETTE GRISE

→ 3 cm ←

Touche pas à ma laisse !

La laisse de mer tient un rôle essentiel dans la chaîne alimentaire. Les puces de mer sont les premières à la décomposer. Elles-mêmes servent de nourriture à de nombreux prédateurs, et notamment au gravelot. Malheureusement, sèche ou humide, la laisse donne un aspect pas très propre à la plage. Chaque année, les communes du littoral dépensent donc plusieurs millions d'euros pour l'enlever au bulldozer. De très nombreux animaux qui vivent ou se nourrissent dans la laisse de mer disparaissent ainsi, laissant une plage « propre » mais sans vie.

5/ AU CLAIR DE LUNE : RANDO NOCTURNE

Définis ton itinéraire

Prévois un chemin de 5 ou 6 km au maximum. La nuit, on marche plus lentement pour éviter les embûches. Tu t'arrêteras aussi plus souvent pour profiter de ces instants magiques ! Choisis un chemin que tu connais bien : fossés, barbelés, cailloux… les repères ne sont plus les mêmes. Ton chemin te paraîtra complètement nouveau !

Prépare ton matériel

PRÉVOIS :

- DES VÊTEMENTS SOMBRES, CHAUDS ET IMPERMÉABLES
- UNE BONNE PAIRE DE CHAUSSURES
- UNE LAMPE TORCHE ET/OU UNE GROSSE LAMPE AVEC BATTERIE RECOUVERTE DE PAPIER ROUGE POUR NE PAS EFFRAYER LES ANIMAUX
- UNE BOUTEILLE D'EAU ET UN PETIT ENCAS

Les difficultés

Faire une randonnée nocturne présente plusieurs difficultés : on n'y voit pas comme en plein jour… et les obstacles sont tous cachés. Il faut choisir une nuit claire, sans nuages, une nuit de pleine lune par exemple, et faire bien attention où l'on marche. De plus, certains sont impressionnés à l'idée de se trouver de nuit en pleine nature.

Quelques précautions

La nuit, tout devient impressionnant. Pour une première fois, pars avec quelqu'un en qui tu as confiance, vous pourrez vous soutenir mutuellement. Prévois de partir avec un adulte si vous n'êtes pas rassurés.

Astuce

Pour apprivoiser la peur du noir, essaie de t'habituer progressivement à la pénombre et d'identifier les bruits qui t'entourent. Éteins d'abord ta lampe pendant 1 min, puis un temps de plus en plus long. Tes yeux s'habitueront progressivement à l'obscurité et, après 20 min dans le noir, tu verras mieux sans lampe qu'avec.

La nuit, la nature semble différente, un peu effrayante. Il faut donc apprendre à maîtriser ses propres peurs. Découvre vite comment faire de cette randonnée un souvenir impérissable !

À L'AFFÛT !

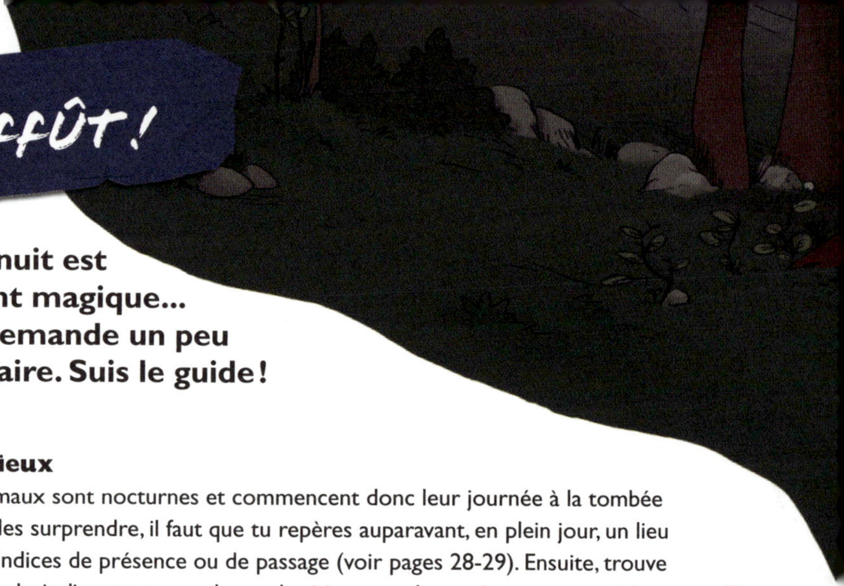

L'affût de nuit est un moment magique... mais qui demande un peu de savoir-faire. Suis le guide !

Repère les lieux

Beaucoup d'animaux sont nocturnes et commencent donc leur journée à la tombée de la nuit. Pour les surprendre, il faut que tu repères auparavant, en plein jour, un lieu présentant des indices de présence ou de passage (voir pages 28-29). Ensuite, trouve à proximité un endroit discret avec un champ de vision assez large où tu pourras réaliser ton affût.

Prépare ton affût

Évite tous les parfums, y compris ceux des produits antimoustiques : leur odeur est repérable à plusieurs km à la ronde. Préfère des vêtements couvrants. Une heure avant que la nuit tombe, installe-toi confortablement, de préférence assis de manière à minimiser ta silhouette. N'hésite pas à te camoufler sous une couverture. Si tu croises les jambes ou que tu prends appui sur les avant-bras, tu risques la crampe après 15 min d'immobilité. Sois très discret et patient. Ne parle pas et bouge le moins possible : tu ferais fuir les animaux. Certains animaux nocturnes ne sont pas dérangés par la lumière. C'est le cas du blaireau. Tu peux installer une grosse lampe torche sur batterie pointée vers son terrier.

À quel moment ?

Choisis une nuit claire, de préférence avec une lune pleine. En été, les nuits sont douces, mais les animaux parfois difficiles à voir dans la végétation dense. En hiver, on voit plus facilement les animaux, surtout sur la neige, mais il faut s'équiper très chaudement pour résister au froid glacial.

Maître goupil

Le renard laisse beaucoup de traces visibles de son passage : empreintes, plumées, coulées, crottes en évidence aux croisements, sur des souches, pour marquer son territoire. Il est aussi très bruyant : il peut japper, glousser, hurler, grogner, gémir, haleter, hoqueter, cracher, caqueter, imiter l'aboiement du chien, le miaulement du chat ou le chant du coq. Il est également assez facile d'observer de jeunes renards jouant, ou des adultes en train de chasser un mulot et de sauter sur son terrier pour le faire sortir.

Construis un affût 4 étoiles

Construis un abri en entrecroisant des branches que tu lies, puis que tu recouvres de feuilles, de fougères et d'herbes, en ménageant une petite ouverture pour l'observation. Tu pourras même y glisser un siège, un thermos… Évite de construire un affût solide (cabane), c'est le meilleur moyen de faire fuir les animaux des parages vers un lieu plus tranquille !

Les animaux de la nuit

MURIN DE DAUBENTON

Chiroptères
→ 4 à 6 cm ←
Envergure 21 à 25 cm
6,5 à 12 g

EFFRAIE DES CLOCHERS

Tytonidés
→ 33 à 39 cm ←
Envergure 85 à 93 cm
470 g à 570 g

BLAIREAU

Mustélidés
→ 68 à 80 cm ←
↑ 30 cm
8 à 12 kg

RENARD

Canidés
→ 90 à 120 cm ←
(dont 1/3 pour la queue)
↑ 40 cm
6 à 10 kg

CHOUETTE HULOTTE

Strigidés
→ 37 à 39 cm ←
Envergure 94 à 104 cm
420 g à 590 g

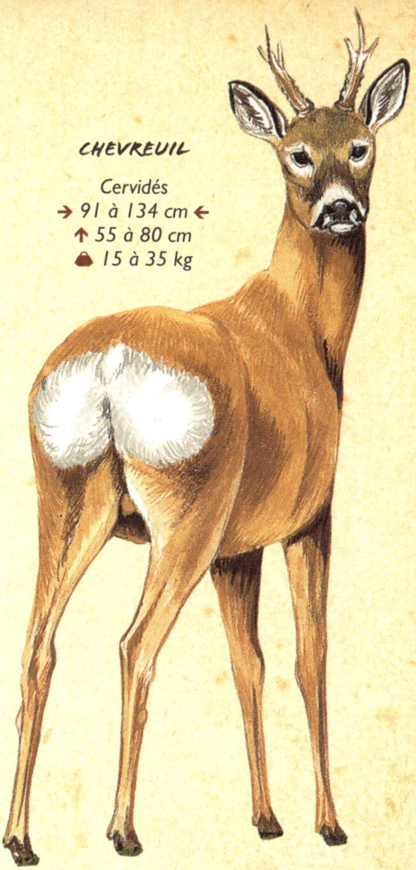

CHEVREUIL

Cervidés
→ 91 à 134 cm ←
↑ 55 à 80 cm
15 à 35 kg

NOCTULE COMMUNE

Chiroptères
→ 8 à 14 cm ←
Envergure 32 à 40 cm
15 à 42 g

SANGLIER

Suidés
→ 90 cm à 170 cm ←
↑ 55 à 110 cm
30 à 135 kg

Zoom sur...

LE BLAIREAU

Le blaireau, tesson, taisson ou tasson, est un plantigrade (il marche sur la plante des pieds). On l'avait d'abord classé dans la famille des ours (les ursidés), mais il fait maintenant partie de la plus grosse espèce de mustélidés d'Europe (les belettes).

Le clan

Le blaireau vit en clans territoriaux, mais chacun se nourrit en solitaire (excepté les jeunes). Plusieurs clans peuvent se nourrir sur le même territoire. Dans un terrier, deux ou trois blaireaux peuvent partager une chambre, mais chacun change de chambre et de compagnon au bout de quelques jours.

Où l'observer ?

Repère un petit chemin de terre creusé par des allers-retours successifs. Il te mènera à l'entrée principale de son terrier. Presque exclusivement nocturne, de mai à août le blaireau sort cependant de son terrier avant la nuit. Des arbres griffés jusqu'à 1,40 m du sol peuvent aussi témoigner de sa présence.

LA CHAUVE-SOURIS

Sa vue est faible, mais la chauve-souris est dotée d'un sonar (un système basé sur le son et l'écho pour sentir ce qui l'entoure) qui lui permet d'attraper des insectes en plein vol. Elle fait partie de l'ordre des chiroptères, « ceux qui ont des mains qui leur servent d'ailes ». La chauve-souris est capable de voler à une vitesse assez faible, avec une extrême habileté.

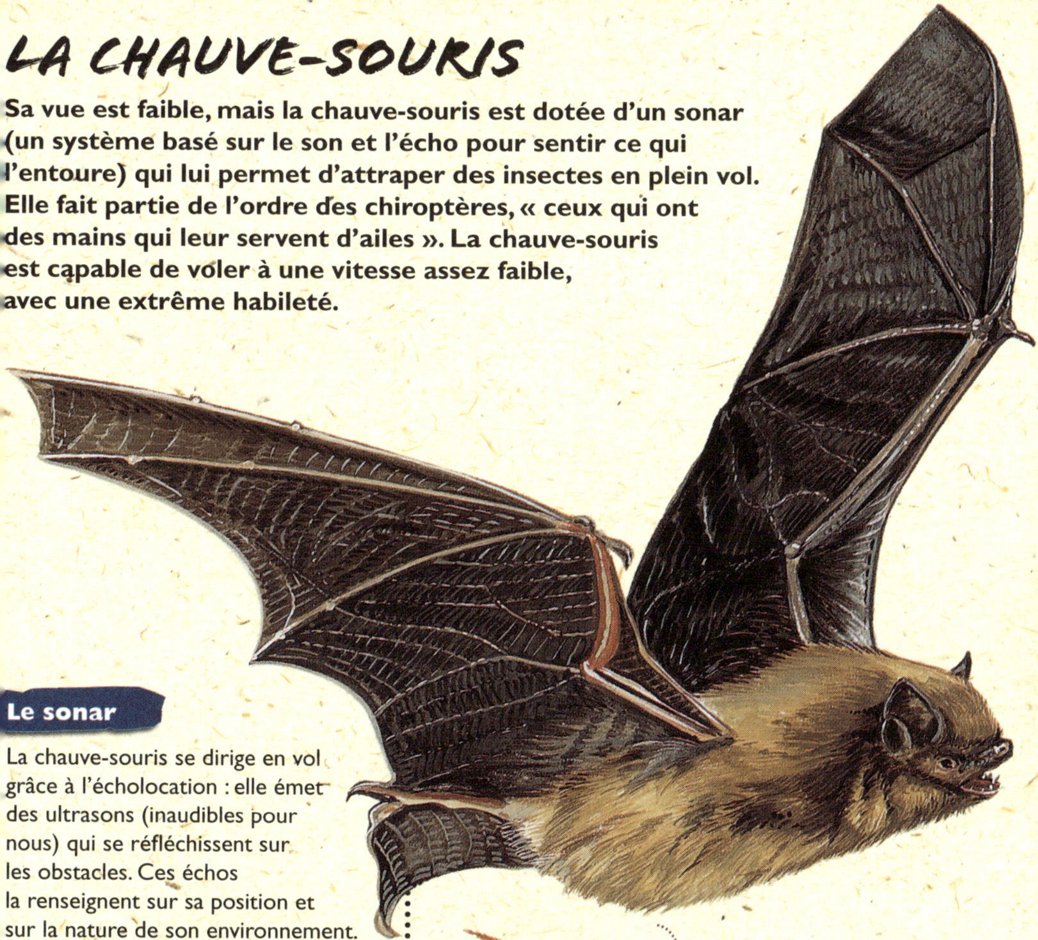

Le sonar

La chauve-souris se dirige en vol grâce à l'écholocation : elle émet des ultrasons (inaudibles pour nous) qui se réfléchissent sur les obstacles. Ces échos la renseignent sur sa position et sur la nature de son environnement. Elle peut ainsi voler et chasser dans l'obscurité totale.
Pour observer des chauves-souris, éclaire la surface d'un étang : tu les surprendras en train de chasser ou de boire en plein vol !

Identifie les chauves-souris

Il est quasiment impossible de reconnaître les diverses espèces de chauves-souris en vol. Pour les identifier, les spécialistes les capturent au filet ou étudient leurs ultrasons. Chaque espèce a sa signature vocale. Tu peux cependant identifier le murin de Daubenton (ou vespertilion), car c'est la seule espèce qui dessine des cercles ou des 8, et qui attrape les insectes aquatiques avec ses pieds, en volant au ras de l'eau. Les autres espèces ne chassent que dans l'air. La noctule commune, quant à elle, émet des grésillements puissants et très aigus que, chez les humains, seules de jeunes oreilles peuvent entendre.

ÉCOUTE LA NUIT

La nuit, tu n'y vois rien. En revanche, tu perçois tous les bruits de manière plus nette qu'en journée. Apprends à distinguer les chants et bruits des animaux nocturnes !

Ouvre grand tes oreilles

Pour écouter, sers-toi de tes oreilles ! Assieds-toi au centre d'une clairière, dans une position confortable (comme pour un affût). Puis écoute. Fais comme un chien ou un chat : tourne la tête vers le bruit. Tu peux poser ta main en cornet autour de ton oreille pour amplifier sa perception.

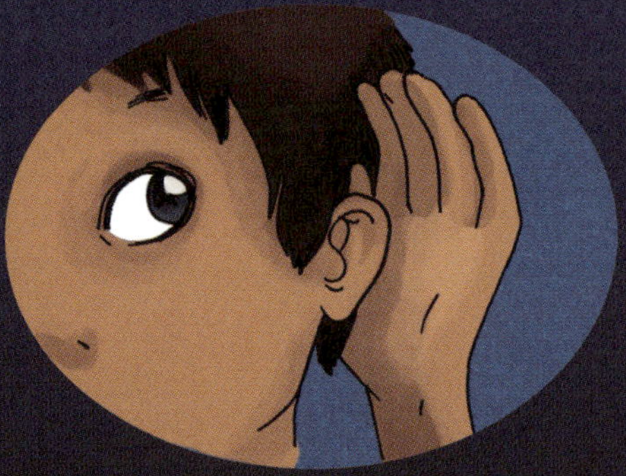

À quel moment ?

Choisis une nuit claire en période de reproduction, c'est là que tu auras le plus de chances d'entendre les cris des animaux nocturnes (rapaces, amphibiens…). Ils chantent pour communiquer avec leurs congénaires. En général, c'est le mâle qui chante fort pour attirer une femelle ou éloigner un mâle rival.

Et le micro espion ?

Dans ta panoplie de super-espion, as-tu un pistolet amplificateur de sons avec parabole ? Si c'est le cas, prends-le avec toi la nuit en forêt. Dirige-le vers les sons les plus faibles que tu perçois. Tu pourras alors entendre distinctement un chant lointain ou les bruits de petits animaux.

Identifie les bruits
Pour identifier les bruits, il faut réussir à les décrire. Voici l'exemple du hululement de la chouette hulotte pour t'aider. À toi d'essayer !

Astuce
Sur Internet, tu peux trouver des enregistrements de cris d'animaux nocturnes. Entraîne-toi à les écouter avant ton affût pour mieux les reconnaître.

LE SON EST-IL GRAVE OU AIGU ?	IL EST GRAVE.
PEUX-TU DISTINGUER DES BRUITS LES UNS DES AUTRES ?	OUI : HOU (FORT) – SILENCE – HOU HOU HOU (BREF, MOINS FORT) – HOUUU (LONG).
LES BRUITS SE SUCCÈDENT-ILS DE MANIÈRE RÉGULIÈRE ?	OUI, ILS SE RÉPÈTENT LONGTEMPS.

Imite le cri de la hulotte !
- Place les 2 mains jointes en cornet devant ta bouche, en laissant juste une fente entre tes pouces.
- Souffle (pas trop fort) entre tes pouces 2 coups brefs et un coup long.

À qui est ce cri ?

Ne dérange pas les animaux lors de ton observation. La période nuptiale est cruciale pour la survie des espèces.

LE HIBOU MOYEN-DUC

*Il produit un unique **Hou** long, doux, grave, musical, sonore mais assez monotone.*
Meilleure période : **février à mars**
Uniquement en période nuptiale

L'EFFRAIE DES CLOCHERS

Le cri strident qu'elle lance lorsqu'elle part en chasse est glaçant. Elle produit aussi une sorte de ronflement.
Meilleure période : **mars à juillet**

LA CHOUETTE HULOTTE

Au hululement caractéristique des mâles, **Hou-houhouhou-houuuu,** *répond plus faiblement le* **Kewick** *des femelles. Son cri d'alarme est* **Oo-ik** *ou* **Koo-ik.**
Meilleure période :
octobre à mars

LA CHOUETTE CHEVÊCHE

Son cri le plus typique est **Kiéou** *ou* **Koui-hou.** *Sonore, il est parfois émis en duo par le mâle et la femelle. Son cri d'alarme est* **Kik kik kik.**
Meilleure période :
février à avril
En période de reproduction

L'ENGOULEVENT D'EUROPE

Son chant est un grincement continu, rapide, prolongé et très sonore. On peut l'entendre à 1 km de distance.
Meilleure période : **mai à juin**
En période de nidification, 30 min à 1 h après le coucher du soleil

LE HÉRISSON

Le hérisson n'est pas un chanteur… mais un chasseur très bruyant : il grogne, renifle, gratte le sol.
Meilleure période :
mai à septembre

LE RENARD

Il a un répertoire très varié : son cri le plus commun est un glapissement rauque et bref. Son cri nuptial est long et lugubre.
Meilleure période :
décembre à février
En période de rut

LE CRAPAUD ACCOUCHEUR

Le chant du crapaud accoucheur se réduit à une note flutée **Tutuut**, *pure et répétée.*
Meilleure période : **mai à août**

Chez les anoures, seuls les mâles sont équipés de sacs vocaux qui amplifient les sons. Ils ne chantent qu'en période nuptiale.

LE CRAPAUD SONNEUR

Son chant se compose d'une seule note brève répétée, un long **Uein uein uein**, *mélodieux et mélancolique. Il est peu puissant car le sonneur n'a pas de sacs vocaux.*
Meilleure période : **mai à août**

LA RAINETTE

Son chant bruyant est composé d'un **Ep ep ep** *bref, rapide et répété.*
Meilleure période : **mai à juin**

LA GRENOUILLE VERTE

Son chant est composé d'un **Coa** *sonore et répété.*
Meilleure période : **avril à août**

LE CRAPAUD COMMUN

Son cri est bref, grinçant et métallique, un **Oik** *aigu mais assez sourd.*
Meilleure période : **mars à mai**

6/ AU FIL DE L'EAU : RANDO AQUATIQUE

Une rando… sur l'eau

La navigation en eaux peu profondes demande un peu d'endurance physique, de résistance à l'humidité et aux moustiques, et de ne pas avoir peur de se salir un peu. Elle se fait à petite vitesse. Tu ne couvriras pas plus de 6 à 12 km par jour.

Définis ton itinéraire

Choisis un petit étang pour commencer. Il est indispensable de reconnaître le terrain à l'avance afin de s'assurer que la navigation est permise sur ce plan d'eau, de repérer les zones d'accostage, les difficultés… Si c'est possible, fais-en le tour à pied. Pars tôt le matin et prévois de rentrer en début d'après-midi : cela te laissera un peu de marge si la randonnée s'avère plus longue que prévu.

Prépare ton matériel

- UNE EMBARCATION (VOIR P. 74-75)
- DES VÊTEMENTS LÉGERS QUI SÈCHENT RAPIDEMENT
- DES VÊTEMENTS DE RECHANGE PLUS CHAUDS
- UNE BONNE PAIRE DE CHAUSSURES
- UN BIDON ÉTANCHE POUR TES AFFAIRES
- UN GILET DE SAUVETAGE PAR PERSONNE
- UN COUTEAU DE POCHE
- DE LA CORDE
- UNE BOUTEILLE D'EAU ET UN PIQUE-NIQUE

Quelques précautions

Vérifie la météo avant de partir. En cas d'orage, le niveau des eaux peut monter brusquement, tandis que les courants et les vents violents peuvent te faire perdre le contrôle de l'embarcation. Méfie-toi des zones de turbulence ou avec du courant, des eaux troubles ou des hauts-fonds. N'hésite pas à sonder l'eau avec un grand bâton pour vérifier sa profondeur et la nature du sol.

Sécurité

- Assure-toi que ceux qui t'accompagnent savent tous nager au moins 100 m.
- Un gilet de sauvetage par personne est obligatoire. Ton gilet doit être homologué, adapté à ton poids, attaché à la taille et resserré aux bras. Une bouée ou un gilet inadapté te porteraient mal et risqueraient de passer par-dessus ta tête si tu tombes à l'eau.
- Assure-toi que chacun, toi y compris, porte son gilet de sauvetage avant de monter dans l'embarcation. Quand on en a vraiment besoin, il est toujours trop tard pour l'enfiler.
- Ne t'engage jamais sur une rivière : cette navigation nécessite d'être accompagné par un guide.

Partir en exploration sur une embarcation, c'est le rêve de tout pirate en herbe. Prêt à larguer les amarres ?

FABRIQUE TON RADEAU

Fabriquer un radeau n'est pas très compliqué pour peu que tu saches utiliser des matériaux de récupération. Une technique scoute largement éprouvée…

Matériel
- UNE PALETTE EN BOIS DE 1,20 M
- 15 À 20 BIDONS DE 5 L PAR MATELOT
- UNE PELOTE DE CORDELETTE DE 20 M ET DE 5 MM DE DIAMÈTRE
- 10 M DE CORDE DE 10 MM DE DIAMÈTRE
- 2 PAGAIES MUNIES DE DRAGONNES
- 2 CORDES QUI SERVIRONT D'AMARRES

TON CHANTIER NAVAL

1. Commence par arracher les clous qui pourraient dépasser de la palette, ou écrase-les avec un marteau si tu ne peux les enlever.

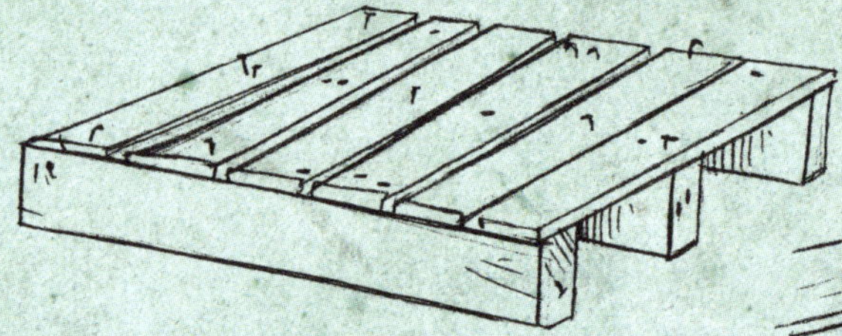

2. Place les bidons à l'horizontale contre le bois. Ils doivent être coincés entre les pieds de la palette. Attache solidement chaque bidon à la palette en faisant un 8. Finis par un nœud.

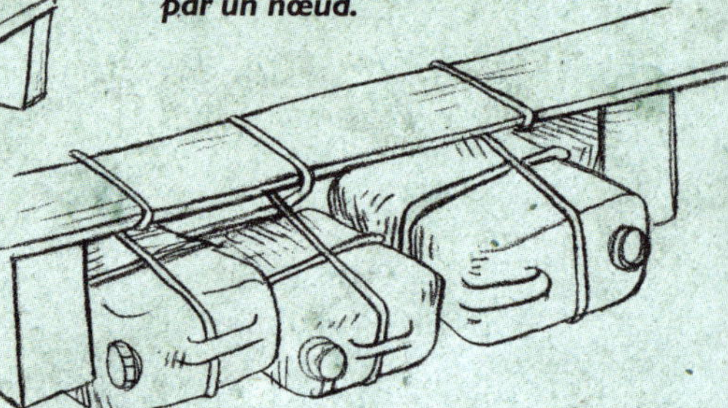

3. Fixe ta ligne de vie par une demi-clé à chaque planche extérieure du radeau. Elle doit être un peu lâche entre deux points d'attache. Si l'un de vous tombe à l'eau, il pourra se retenir à cette corde et s'en aider pour remonter.

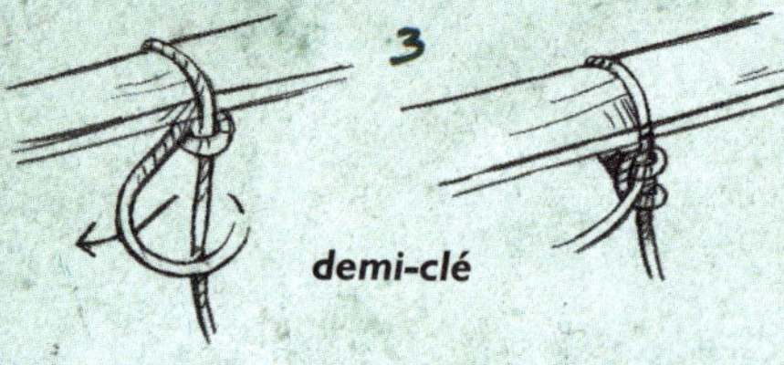

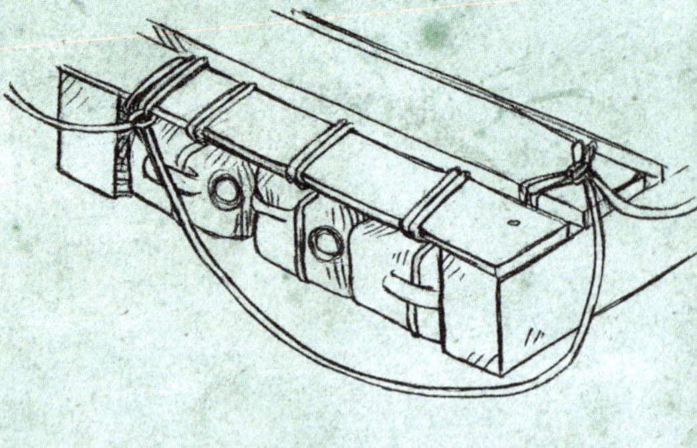

Où trouver le matériel ?

Les palettes sont très utilisées dans les grandes surfaces. Demande au responsable, il acceptera certainement de t'en donner une. Il te restera à la transporter jusque chez toi. Collecte des bidons d'eau déminéralisée ou de lessive. Au besoin, va dans une déchetterie. Toutes les rames bricolées se révèlent désastreuses : trop lourdes, trop fragiles… Récupère plutôt les petites pagaies d'engins de plage, bien plus efficaces et légères. N'oublie pas de fixer une dragonne au manche, cela t'évitera de nager à la poursuite de ta pagaie si tu la perds en naviguant.

5. *Fais un nœud de plein poing sur ta ligne de vie, aux 4 coins du radeau. Ces poignées seront pratiques pour porter celui-ci.*
6. *Fixe une amarre de chaque côté du radeau par un nœud de chaise.*
7. *Vérifie qu'aucune esquille ne dépasse sur le dessus ou les côtés du radeau, pour éviter de s'égratigner ou de déchirer les vêtements.*

nœud de plein poing

nœud de chaise

Astuce

Fais tes essais près du bord ! Et prends le temps d'équilibrer à chaque fois ton radeau avant d'embarquer, c'est toujours plus facile dans 30 cm d'eau qu'au beau milieu de l'étang.

La mise à l'eau

Mets le radeau à l'eau et regarde comment il flotte. Il ne doit pas trop s'enfoncer dans l'eau, sinon il coulera dès que tu monteras. Si c'est le cas, rajoute des bidons. S'il est trop haut au-dessus de l'eau, il est mal équilibré. Il risque de se retourner dès que tu monteras dessus. Et il sera plus stable à l'envers qu'à l'endroit ! Par ailleurs, plus il sera haut sur l'eau, plus il offrira de prise au vent et sera difficile à contrôler. Plutôt que de retirer des bidons, remplis en quelques-uns au tiers, répartis de façon homogène sous la surface du radeau. Cela accroîtra la stabilité de l'ensemble. Tu l'as testé à vide, il te faut maintenant recommencer en montant à bord : à un, à deux, à trois…
Tu connais le nombre maximum d'occupants : 15 à 20 bidons par matelot.
Sois prudent, il s'agit d'un radeau, inutile de danser la techno dessus !

À toi de naviguer et d'observer !

Étudie dans quel sens le vent souffle et pars contre le vent. Ainsi, le vent te poussera au retour. Prévois ton retour bien avant la nuit (au moins 2 h avant). Quitte le bord en ramant doucement, sans à-coups et… silencieusement. Longe le plus possible les rives. Tu surprendras ainsi de nombreux animaux en train de chasser, de pêcher ou… de faire la sieste. Des libellules se poseront même quelques instants sur le radeau pour se reposer. N'hésite pas à accoster sur un îlot ou une plage pour l'explorer. Si le niveau de l'eau est trop bas, tu peux porter ton radeau. Mais avant de descendre, vérifie avec une perche que le sol est ferme. Évite les roselières ou les bancs de vase : c'est dangereux et il est très difficile d'en sortir.

Les bêtes qui volent, flottent et nagent

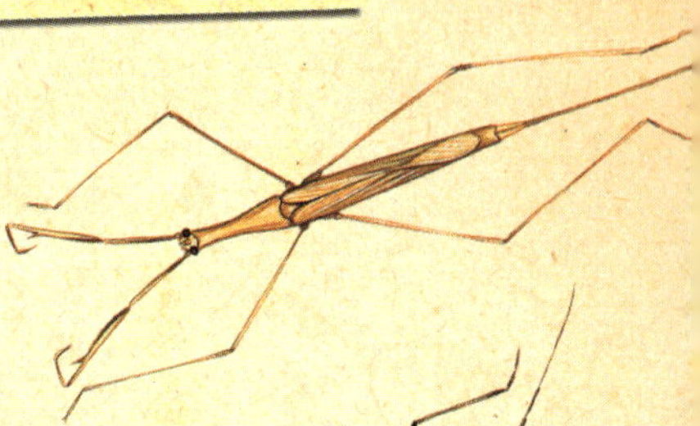

RANÂTRE

Hémiptères
→ 4 à 5 cm ←

LIBELLULE DÉPRIMÉE

Odonates
→ 5 cm ←

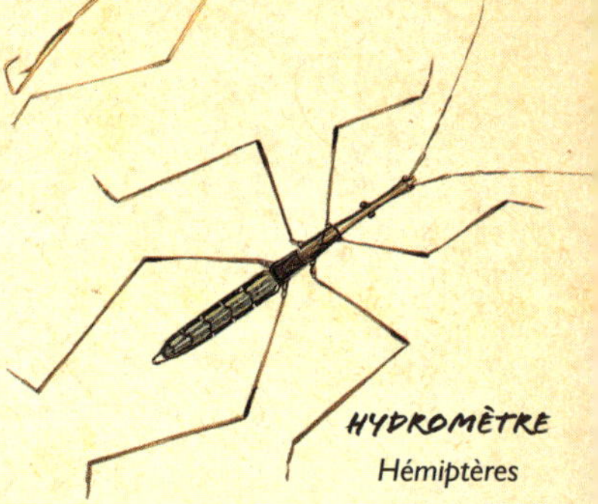

HYDROMÈTRE

Hémiptères
→ 1 cm ←

AGRION ÉLÉGANT (DEMOISELLE)

Odonates
→ 3 à 4 cm ←

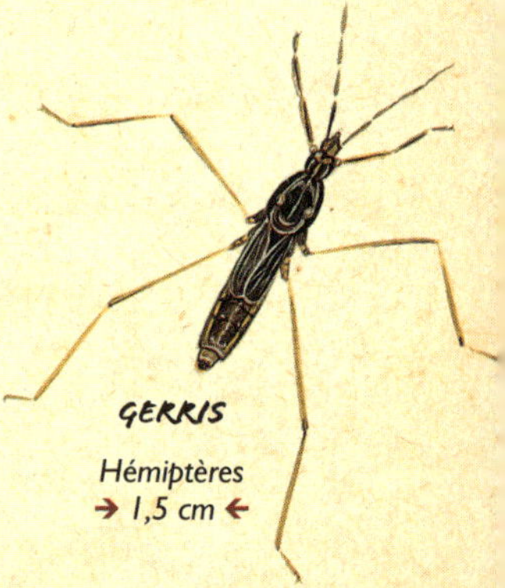

ANAX EMPEREUR (LIBELLULE)

Odonates
→ 7 à 10 cm ←

DYTIQUE MARGINÉ

Coléoptères
→ 3 à 4 cm ←

NÈPE

Hémiptères
→ 2,5 cm ←

GERRIS

Hémiptères
→ 1,5 cm ←

GYRIN

Coléoptères
→ 0.8 cm ←

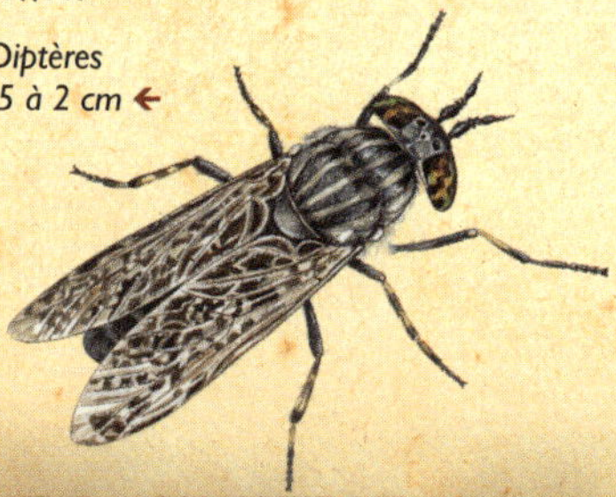

TAON

Diptères
→ 1,5 à 2 cm ←

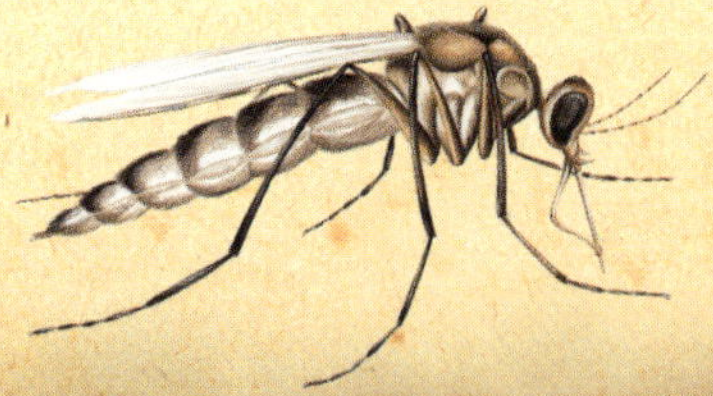

MOUSTIQUE

Diptères
→ 0,7 à 1 cm ←

NOTONECTE

Hémiptères
→ 1,5 cm ←

HÉRON CENDRÉ

Pélécaniformes
→ 100 cm ←

POULE D'EAU

Gruiformes
→ 30 à 35 cm ←

MARTIN-PÊCHEUR

Coraciiformes
→ 16 cm ←

RAT MUSQUÉ

Rongeurs
→ 45 à 65 cm ←

RAGONDIN

Rongeurs
→ 70 à 100 cm ←

GRENOUILLE VERTE

Anoures
→ 10 à 14 cm ←

COULEUVRE À COLLIER

Squamates
→ 80 à 180 cm ←

CISTUDE

Tortues
→ 15 à 20 cm ←

CASTOR

Rongeurs
→ 80 à 130 cm ←

Zoom sur...

LA CISTUDE D'EUROPE

Dans le sud-ouest et le centre de la France, on peut découvrir quelques cistudes en train de se chauffer paresseusement sur un arbre mort ou sur la berge d'un étang. Au moindre bruit, elles plongent !

→ 20-25 cm ←

Une tortue aquatique

Elle vit la plupart du temps dans l'eau. Elle n'en sort que pour pondre ou se réchauffer au soleil. D'ailleurs, elle hiverne dans la vase au fond de l'eau !

Espèce menacée

Autrefois commune, la cistude est aujourd'hui menacée par la pollution, la destruction de son habitat et la concurrence des espèces exotiques.

La tortue de Floride

Ne confonds pas la cistude avec sa cousine américaine. On reconnaît facilement cette dernière aux taches rouges à l'arrière de sa tête. Cette tortue d'aquarium colonise peu à peu les milieux naturels et concurrence la cistude. Elle grandit beaucoup, jusqu'à 30 cm, et est très agressive… pour une tortue.

LE CASTOR EURASIEN

Bebros en gaulois, *bièvre* en vieux français, *vibré* en provençal... le castor a été désigné par différents noms au fil des siècles. On retrouve aujourd'hui la trace de sa présence dans les noms d'étangs, de rivières ou de vallées qu'il a depuis longtemps désertés : Bièvre, Brévère, Beuvron, Beuvray, Brévedent...

→ 90 cm ←
+ environ 40 cm pour la queue

Un plongeur né

Le castor est parfaitement adapté à la vie aquatique. Ses pattes arrière palmées servent de pagaies, sa queue large et aplatie de gouvernail. Ses narines et ses oreilles s'obturent automatiquement en plongée. Et ses yeux se couvrent d'une paupière transparente. D'ailleurs, l'entrée de sa hutte, où il vit généralement en famille, se trouve sous l'eau.

Un architecte génial

Tu apercevras toujours les traces du castor avant l'animal : ce bâtisseur infatigable crée barrages, huttes, digues et cabanes. Tu entreverras peut-être sa silhouette en train d'écorcer des branches dans une anse calme ou nageant en surface.

Un revenant

Le castor a bien failli disparaître en Europe. Chassé pour sa peau depuis des siècles, il n'en restait plus qu'une quarantaine en 1905, sur le Rhône. Protégé, parfois réintroduit, il recolonise peu à peu les fleuves, les lacs et les étangs.

CACHE-CACHE DANS L'ÉTANG

Poissons, écrevisses et insectes aquatiques sont bien cachés dans leur milieu. Comment déjouer leurs feintes ?

Évite les reflets

L'eau est un excellent miroir, ce qui rend sa surface impénétrable. Voici trois façons de voir sous l'eau :

– observe l'étang un jour sans soleil, ou poste-toi à l'ombre d'un arbre ou d'un pont, en veillant à ce que ton ombre n'effraie pas les animaux ;

– utilise ton aquascope (voir page 53) ;

– ou sers-toi d'un masque de plongée, d'un tuba et de palmes.

Cependant, le principal problème de la plongée en eau douce est le manque de transparence des eaux et le fait que le moindre mouvement soulève de la vase. Évite donc de remuer le fond. Un mètre d'eau suffit pour avoir une multitude de choses à observer. Certains poissons d'eau douce sont très curieux, comme la perche. Tu pourras avec un peu de patience la laisser s'approcher jusqu'à quelques centimètres de ton masque ou lui donner à manger (des coquillages). D'autres, comme le vairon, peuvent aller jusqu'à te picorer les pieds en banc…

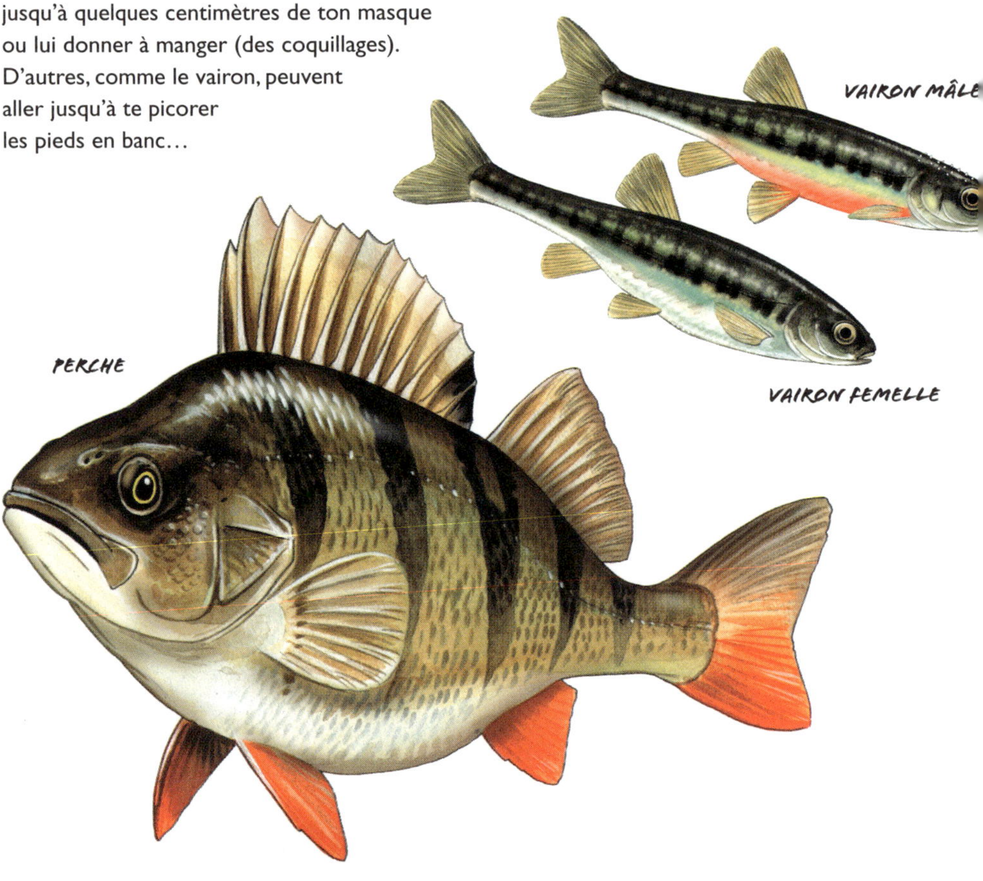

Déjoue les camouflages

La plupart des animaux aquatiques se fondent dans leur milieu, nageant rarement en pleine eau. Va les chercher là où ils sont : trous d'eau, herbiers, racines d'un arbre, roches… Les poissons adoptent une tenue de camouflage très pratique pour passer inaperçus : un dos brun-vert avec des zébrures pour se confondre avec le fond, un ventre blanc ou crème pour se confondre avec le ciel. Déjoue ce camouflage en guettant les mouvements, l'ombre de l'animal sur le fond ou les frémissements de l'eau en surface quand le poisson vient y chasser des insectes.

Astuce

Les poissons sont très sensibles aux bruits, aux vibrations et aux variations de lumière : évite donc de parler ou de marcher près de la berge.

Les poissons et écrevisses des étangs

▲ *Espèce rare ou menacée*

ABLETTE

Cypriniformes
→ 12 à 20 cm ←

ROTENGLE

Cypriniformes
→ 18 à 30 cm ←

GARDON

Cypriniformes
→ 15 à 25 cm ←

BROCHET

Ésociformes
→ 80 à 120 cm ←

POISSON-CHAT

Siluriformes
→ 25 à 50 cm ←

PERCHE

Perciformes
→ 20 à 60 cm ←

TANCHE

Cypriniformes
→ 20 à 50 cm ←

BRÈME

Cypriniformes
→ 25 à 60 cm ←

CARPE

Cypriniformes
→ 60 à 100 cm ←

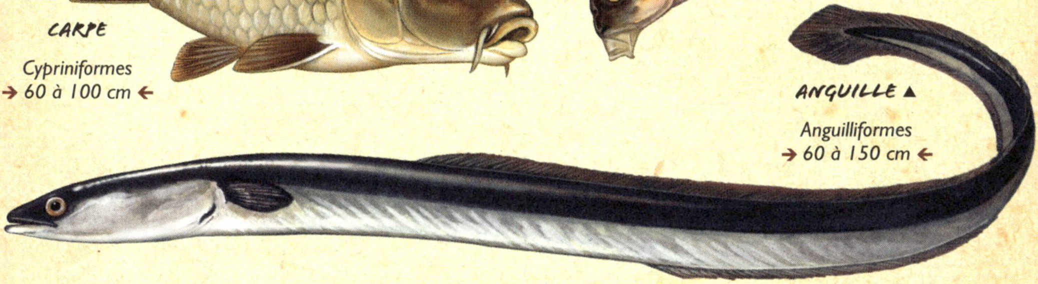

ANGUILLE ▲

Anguilliformes
→ 60 à 150 cm ←

ÉCREVISSE DE LOUISIANE

Crustacés décapodes
→ 10 cm ←

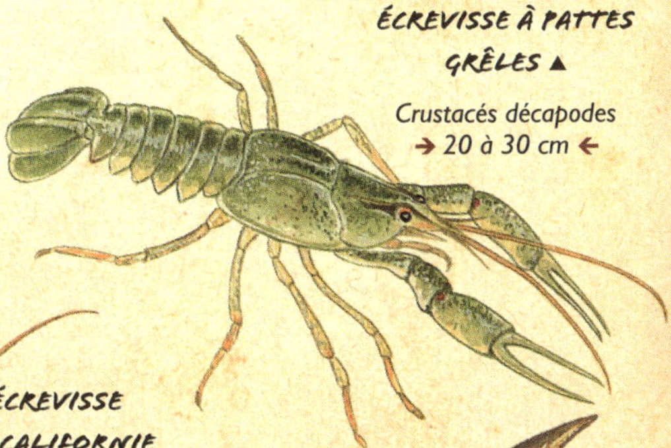

ÉCREVISSE À PATTES GRÊLES ▲

Crustacés décapodes
→ 20 à 30 cm ←

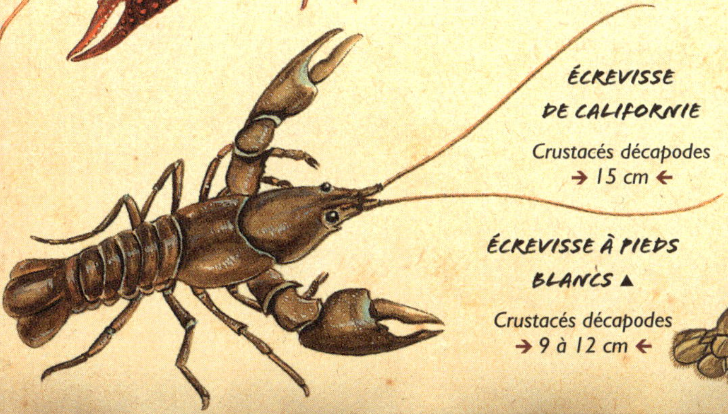

ÉCREVISSE DE CALIFORNIE

Crustacés décapodes
→ 15 cm ←

ÉCREVISSE À PIEDS BLANCS ▲

Crustacés décapodes
→ 9 à 12 cm ←

RESPECTE LA NATURE !

Où que tu te promènes dans la nature, tu ne dois laisser aucune trace de ton passage. Voici quelques conseils pour t'aider à la respecter.

- Ne jette aucun produit manufacturé dans la nature, canette, sac plastique… Ils mettent des centaines d'années à disparaître, engendrent parfois une forte pollution et représentent un piège terrible pour beaucoup d'espèces.
- Ne prélève dans la nature (cueillette, pêche, récolte) que le strict nécessaire. La nature est généreuse, mais pas inépuisable. La pêche est soumise à réglementation et nécessite un permis. Renseigne-toi auprès de la fédération du département.
- Limite au maximum ton empreinte sur le milieu. Ne déplace pas de cailloux, ne casse pas de branches, n'arrache pas de plantes. L'équilibre des milieux naturels est fragile. Il a fallu parfois des dizaines d'années pour qu'il s'établisse.

- En France, les zones naturelles appartiennent toujours à quelqu'un, que ce soit l'État (domaine public) ou un propriétaire privé. Le plus souvent, le passage est toléré. Tu pourras même parfois camper si tu en demandes l'autorisation. Mais si tu t'y conduis mal, tu seras passible d'une amende.
- Munis-toi d'un grand sac-poubelle pour ramasser les ordures là où tu passes.

TEMPS DE DÉGRADATION

UN TROGNON DE POMME
3 semaines à 3 mois

UN MORCEAU DE PAPIER
6 semaines

UN CHEWING-GUM
5 ans

UNE BOÎTE DE CONSERVE
50 à 100 ans

UNE CANETTE EN MÉTAL
200 ans

UNE BOUTEILLE OU UN SAC EN PLASTIQUE
400 ans

UNE BOUTEILLE EN VERRE
plus de 4 000 ans

7/ EN FORÊT : RANDO BIVOUAC

Définis ton itinéraire

Partir en bivouac, cela signifie être autonome, donc marcher, porter un sac à dos, passer une nuit dehors, allumer un feu et être capable de préparer un repas… C'est pourquoi, il est important de bien connaître ses capacités et ses limites. Prévois un itinéraire en boucle d'environ 10 à 15 km sur des sentiers bien balisés. Tu couvriras un tiers du parcours le premier jour et deux tiers le second.

Prépare ton sac à dos

Après le choix des chaussures, celui de ton sac à dos et de ce que tu mets dedans est primordial. 80 % du poids de ton sac doivent reposer sur ton bassin. Ton sac doit être réglé pour être près de ton corps. Idéalement, le poids de la tente, qui est le plus important, devrait être centré. En pratique, c'est impossible à moins de l'accrocher verticalement à l'avant de ton sac. À toi de voir s'il est plus confortable de la porter au-dessus de ton sac, ou en dessous, mais en aucun cas plus bas que tes reins.

Comment faire ton sac

- En bas de ton sac, affaires légères : duvet, sac de rechange, couverture de survie
- Au milieu, affaires lourdes : eau, nourriture, matériel de cuisine
- En haut : chapeau, vêtement de pluie, polaire, trousse de secours, encas
- Dans les poches latérales, facilement accessibles : gourde, canif, allumettes et briquet dans un sac étanche, ficelle, boussole, carte, lampe frontale, crèmes solaire et antimoustique
- À l'extérieur : tente ou bâche, matelas en mousse

Dors à la belle étoile, fais ta cuisine sur un feu… vis comme un trappeur ! C'est l'occasion de partager un moment privilégié avec la nature.

Quelques précautions

Repère à l'avance ton lieu de bivouac, et assure-toi que le camping et les feux y sont autorisés.

SUR LA PISTE DU CHEVREUIL

Apercevoir un chevreuil tient du hasard. C'est souvent une ombre bondissante au milieu des fourrés ou, au mieux, un regard étonné suivi d'un bruissement de feuilles et d'aboiements exaspérés. Et pourtant, le chevreuil n'est là jamais très loin de toi.

Ses habitudes

Le chevreuil aime à pâturer dans les cultures et les prairies en lisière de forêt. Tu peux aussi le surprendre sur des chemins forestiers, près d'un étang. Comme les vaches, le chevreuil mange, puis rumine; debout pour manger, il est couché pour ruminer. Repère les indices qu'il laisse afin de connaître ses habitudes, ses déplacements (voir page 29).

Les sens du chevreuil

Ses sens sont très développés.

- Son ouïe est très sélective. Il peut être tout à fait à l'aise à proximité d'un bûcheron débitant un arbre avec une tronçonneuse pétaradante. Mais n'essaie pas de l'approcher : si tu fais craquer la moindre petite branche sous tes pieds, il fuira aussitôt.
- Son odorat est très sensible. Il est capable de te sentir à 300 m.
- Sa vue est bonne, mais le plus étrange est qu'il t'ignorera tant qu'il n'aura pas senti ton odeur.

Pour le surprendre

Si tu veux le rencontrer, rends-toi le matin très tôt ou en fin de journée à proximité de son lieu de gagnage – là où il se nourrit. Sois le plus discret possible, porte des vêtements de couleur neutre, qui ne font pas de bruit au frottement, et des chaussures à semelles souples. Déplace-toi face au vent pour que le chevreuil ne te sente pas. Plutôt que d'essayer à tout prix de t'approcher, utilise des jumelles : elles te permettront de bien voir sans être vu. Si le chevreuil se sauve brusquement, reste là où tu es. Il arrive parfois qu'il revienne à son point de départ après avoir fait une boucle. N'oublie pas qu'en forêt, tu es chez lui. Le plaisir de l'observation s'arrêtera là où l'animal l'aura décidé. Peut-être ta route croisera-t-elle celle d'autres animaux, que tu pourras reconnaître grâce aux fiches d'identification de ce livre.

Les mammifères et oiseaux forestiers

CAMPAGNOL ROUSSÂTRE

Rongeurs
→ 12 à 13 cm
Queue 3 à 4 cm

MARTRE

Mustélidés
→ 36 à 56 cm ←
Queue 20 à 25 cm

ÉCUREUIL ROUX

Rongeurs
→ 18 à 25 cm ←
Queue 15 à 20 cm

MUSCARDIN

Rongeurs
→ 6 à 9 cm de long ←
Queue 4 à 7 cm

MULOT

Rongeurs
→ 9,5 à 11 cm ←
Queue 7 à 10 cm

CHAT FORESTIER

Félidés
→ 50 à 70 cm ←
Queue 30 à 50 cm

CERF ÉLAPHE

Cervidés
→ 165 à 240 cm ←
↑ 90 à 145 cm

ÉPERVIER D'EUROPE

Rapaces
→ 28 à 38 cm ←
Envergure 55 à 70 cm

ROITELET HUPPÉ

Passereaux
→ 9 cm ←
Envergure 15 à 16 cm

PIC NOIR

Piciformes
→ 45 à 47 cm ←
Envergure 64 à 68 cm

BEC-CROISÉ DES SAPINS

Passereaux
→ 17 cm ←
Envergure 27 à 29 cm

GROS-BEC CASSE-NOYAUX

Passereaux
→ 18 cm ←
Envergure 29 à 33 cm

SITTELLE TORCHEPOT

Passereaux
→ 14 cm ←
Envergure 20 à 27 cm

CASSE-NOIX MOUCHETÉ

Passereaux
→ 29 à 36 cm ←
Envergure 50 à 55 cm

FAIRE UN FEU

Tu pars en bivouac ? Apprends à faire un feu pour te réchauffer, te sécher et préparer ton repas ! Assez facile par temps sec, cela devient plus compliqué quand le bois est humide, qu'il pleut ou par grand vent.

ATTENTION AU FEU !

Faire un feu est dangereux. Voici quelques règles à respecter :

1. *Choisis un lieu dégagé (pas de grandes herbes, de buissons à proximité ou d'arbres au-dessus) et abrité du vent. Tu dois être protégé si celui-ci change soudainement de direction.*
2. *Nettoie l'espace au sol prévu pour le foyer.*
3. *Creuse un trou de 50 à 60 cm de diamètre et de 15 cm de profondeur.*
4. *Remplis un seau d'eau et garde-le toujours à proximité du feu, avec un peu de sable ou de terre pour l'éteindre en cas de besoin.*
5. *Dépose dans le trou d'abord des herbes sèches, puis des brindilles, et finis par des branches de plus en plus grosses une fois le feu lancé.*
6. *Ne charge pas trop ton feu : il ne faut pas que le vent emporte des braises vers les buissons.*
7. *Éteins toujours complètement ton feu avec de l'eau, puis recouvre les cendres de terre.*

2 + 3

4 + 5

ATTENTION

N'utilise jamais d'essence ou d'alcool à brûler pour démarrer un feu !

À chaque bois son feu

Selon que tu souhaites t'éclairer, te chauffer ou préparer un repas, tu n'utiliseras pas le même bois. Apprends à choisir ton combustible à l'aide de la fiche sur les arbres de la forêt, page 96.

Pour un feu de cuisine

Ne fais jamais rien cuire directement sur les flammes, car tout serait brûlé. Attends d'obtenir des braises. Leur chaleur est bien supérieure à celle des flammes. En plus, elles ne dégagent aucune fumée et ne salissent pas les ustensiles. Tu pourras même placer une pierre plate sur les braises et y poser ta casserole ou, directement, tes aliments.

Quelques précautions

On ne peut pas faire de feu n'importe où. La plupart du temps, c'est interdit : dans les bois, les prairies, dans la garrigue, près des maisons… Renseigne-toi et demande toujours l'autorisation du propriétaire avant d'allumer ton feu.

ATTENTION
Le feu brûle ! Fais-toi aider par un adulte et sois très prudent.

Les arbres de la forêt

Les feuillus

BOULEAU VERRUQUEUX

Chaleur ++ / Braises +
Flammes +++ / Durée +

CHARME

Chaleur ++ / Braises +++
Flammes ++ / Durée ++

CHÂTAIGNIER

Chaleur + / Braises +
Flammes +++ / Durée +
Étincelles ⚠

CHÊNE SESSILE

Chaleur +++ / Braises +++
Flammes + / Durée +++

ÉRABLE SYCOMORE

Chaleur +++ / Braises +++
Flammes ++ / Durée ++

FRÊNE COMMUN

Chaleur +++ / Braises +++
Flammes ++ / Durée +++

HÊTRE

Chaleur +++ / Braises +++
Flammes ++ / Durée ++

MERISIER

Chaleur +++ / Braises +++
Flammes ++ / Durée ++

PEUPLIER TREMBLE

Chaleur + / Braises +
Flammes + / Durée +++

Les résineux

ÉPICÉA COMMUN

Chaleur ++ / Braises +
Flammes +++ / Durée ++

PIN SYLVESTRE

Chaleur ++ / Braises +
Flammes ++ / Durée +

SAPIN PECTINÉ

Chaleur ++ / Braises ++
Flammes ++ / Durée +
Étincelles ⚠

MÉLÈZE D'EUROPE

Chaleur +++ / Braises +
Flammes ++ / Durée +
Étincelles ⚠

DORS DANS UN HAMAC !

Dormir dehors, quelle aventure ! Et en hamac, ça peut être encore plus amusant… si tu t'y prépares bien !

Installe ton camp

Choisis deux arbres solides distants de 3 à 4 m. La circonférence de leurs troncs doit être supérieur à celle de tes deux mains jointes. Vérifie qu'aucune branche morte ne menacera ton hamac. Dégage bien toutes les pierres, branches ou ronces qui se trouvent au sol à proximité de ton installation. Fixe un mousqueton dans chaque attache de ton hamac. Fais deux tours de corde autour du tronc du premier arbre, à peu près à hauteur de ta poitrine. Finis par un nœud de plein poing et passes-y le mousqueton. Fais de même à l'autre extrémité du hamac. Il ne reste plus qu'à le tester !
Si tu restes plus d'une nuit dehors ou que la météo est incertaine, abrite ton hamac.
Tends la troisième corde à 1 m environ au-dessus de ton hamac et attache-la aux deux arbres.
Pose la toile dessus et fixes-en les coins avec des sardines.

Matériel

- 1 HAMAC LÉGER ET PEU ENCOMBRANT, MAIS RÉSISTANT
- 4 MOUSQUETONS
- 3 CORDES DE 6 MM DE DIAMÈTRE ET DE 10 M DE LONG
- 1 TOILE DE TENTE OU UNE GRANDE BÂCHE LÉGÈRE ET IMPERMÉABLE
- DES SARDINES DE TENTE

Le nœud

Après les deux tours autour de l'arbre, replie le bout libre de ta corde sur lui-même pour la doubler au plus près du tronc. Fais une boucle et repasse l'extrémité de la corde dedans.
Fixes-y le mousqueton.

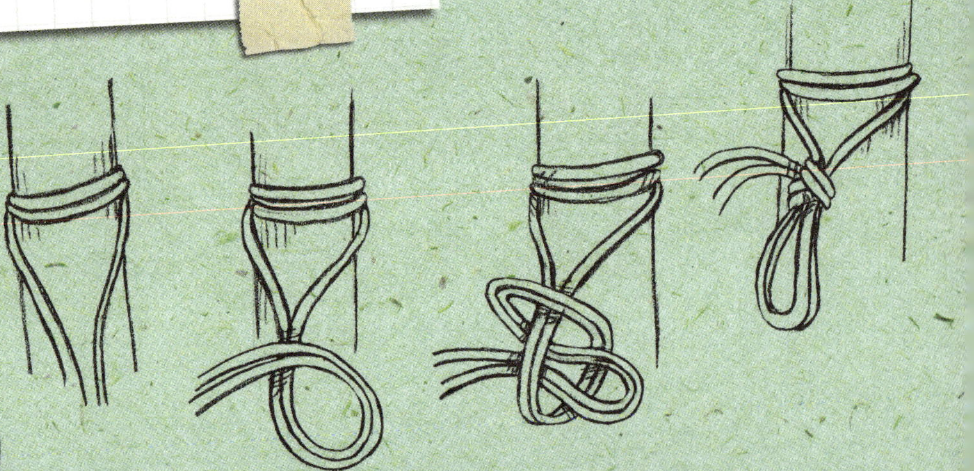

Monte dans ton hamac

Commence par t'entraîner à monter et descendre de ton hamac. Plus il sera horizontal, meilleure sera ta position de couchage, mais plus il te sera difficile d'y monter.
Assieds-toi au milieu du hamac, puis allonge-toi. La position la plus stable peut aussi bien être dans sa longueur que dans sa largeur, selon sa taille et la façon dont tu auras attaché le hamac.
Rappelle-toi que si tu gigotes, c'est la chute assurée !
Dernière étape : te glisser dans ton sac de couchage… sans tomber ! À chacun sa technique : tu peux te glisser dedans jusqu'à la taille, puis t'asseoir au milieu de ton hamac et enfin t'allonger, ou te glisser dedans une fois allongé.

Astuce
Pour passer une nuit tranquille, fais pipi avant d'aller dormir et garde une lampe torche à proximité.

DRÔLES DE CHAMPIGNONS !

Tu crois que tous les champignons se ressemblent : un pied surmonté d'un chapeau ? Regarde bien autour de toi dans la forêt…

GÉASTRE HYGROMÉTRIQUE

Son enveloppe se déchire en forme d'étoile. Elle se ferme quand le temps est sec et s'ouvre quand il fait humide.

VESSE-DE-LOUP

Lorsque ce champignon en forme de boule arrive à maturité, sa peau craque, libérant ses spores (les cellules reproductrices).

POLYPORE DU BOULEAU

Tu as vu cette langue accrochée au tronc ? Tu pourras l'utiliser pour affûter la lame de ton couteau.

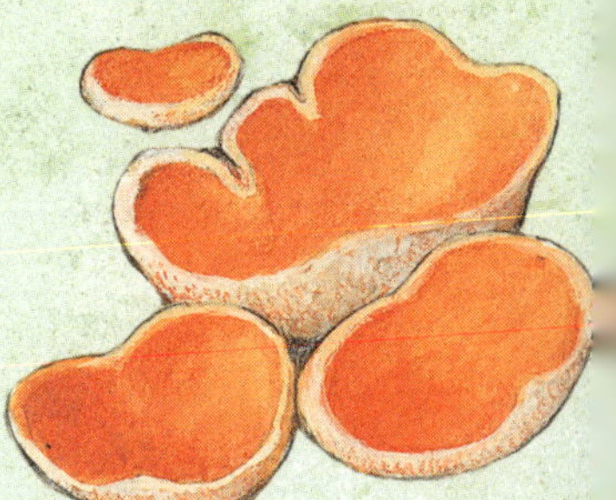

PÉZIZE ORANGÉE

Ce drôle de champignon en forme de coupe pousse à même le sol. Il est parfaitement comestible agrémenté de sucre.

Les ronds de sorcière

As-tu déjà vu des champignons qui poussent en cercle ? Et de drôles d'anneaux d'herbe luxuriants ? Ce sont des ronds de sorcière. À l'intérieur du cercle de champignons, la végétation est moins développée. En revanche, elle prospère sur l'emplacement du cercle de l'année précédente. L'herbe y forme un anneau d'un vert magnifique. Le mycélium, la partie végétative des champignons, se répand sous terre à partir d'un point central, formant des ramifications d'où naissent les champignons, tandis qu'il disparaît au centre. Les plus vieux ronds de sorcière ont plusieurs centaines d'années et peuvent atteindre près de 500 m de diamètre.

ATYRE

ı sentiras ce champignon ı forme de sexe bien vant de le voir. ɔn odeur de charogne rovient de la gelée ɔirâtre qui couvre n chapeau. le attire s mouches, ıi disséminent suite les spores llées à leurs pattes.

CLAVAIRES

Certaines ressemblent à des massues en miniature, d'autres à de petits arbres ou à des coraux.

BOBOS EN BIVOUAC

Piqûres, brûlures et échardes… les bobos sont nombreux en forêt. Voici comment les soigner en 2 min.

Zut, une tique !

Les piqûres de tique ne sont pas douloureuses, mais elles peuvent transmettre des maladies. Ces petites bêtes sont fréquentes partout où abonde le gibier. Le mieux est de porter des vêtement couvrants : chaussettes hautes, pantalon et chemise. Après chaque randonnée, vérifie qu'aucune tique n'est accrochée à tes vêtements. Si tu en trouves une déjà accrochée à ta peau et gonflée de sang, pas de panique. Utilise un tire-tique. Coince-le entre le corps de la bestiole et ta peau, et tourne dans le sens inverse des aiguilles d'une montre. Sinon, tire le corps de la tique dans l'axe avec une pince à épiler, au plus près de la peau. Évite de comprimer la tique et vérifie qu'il ne reste pas de rostre dans la blessure. Nettoie la plaie avec une solution antiseptique. Surveille l'évolution de la piqûre pendant une dizaine de jours et vérifie l'absence de rougeur.

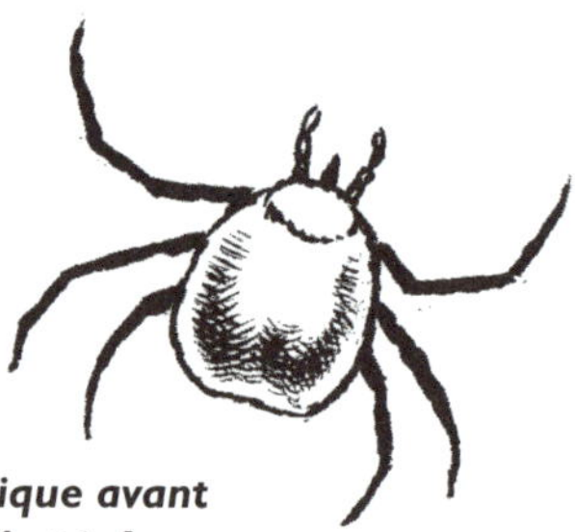

Tique avant la piqûre

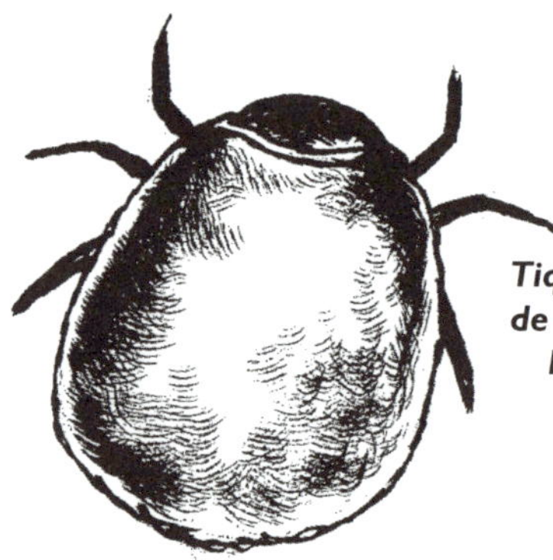

Tique gonflée de sang après la piqûre

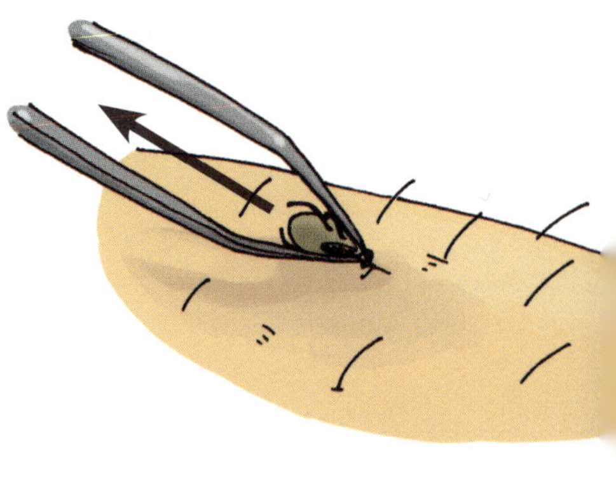

Ouille, ça brûle !

Tu t'es brûlé en faisant du feu ? Refroidis immédiatement la zone brûlée en la passant sous l'eau froide pendant au moins 5 min. Une fois la brûlure refroidie en profondeur, passe une pommade adaptée ou, à défaut, applique sur la brûlure une tranche de pomme de terre crue : l'amidon fera office d'antiseptique.

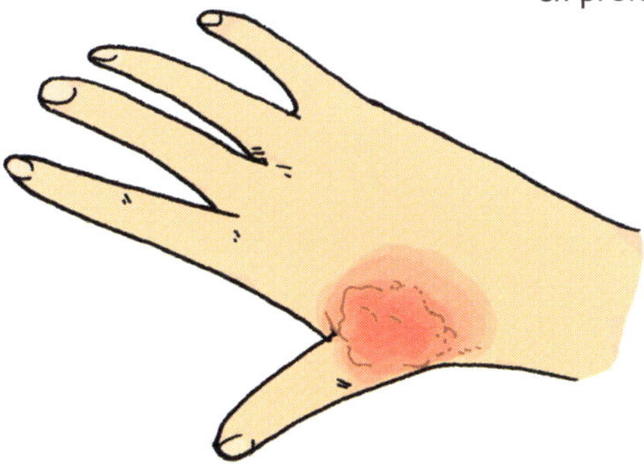

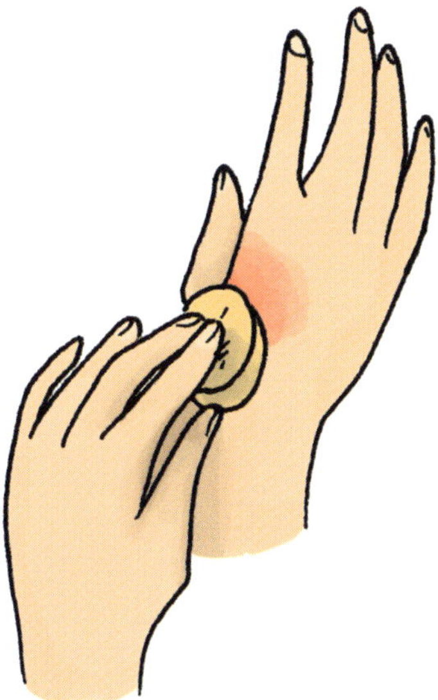

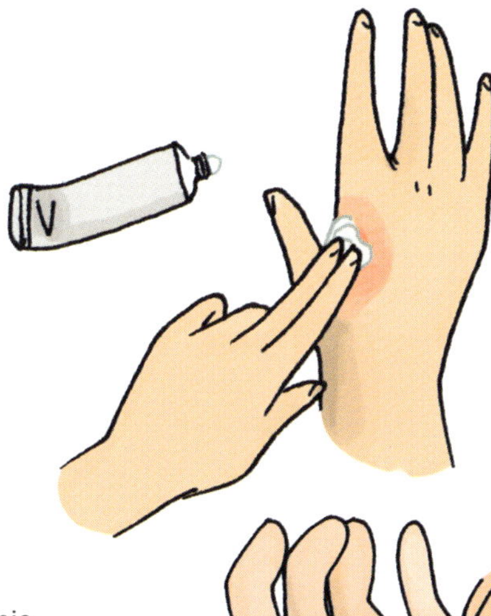

ïe, une écharde !

u t'es planté une écharde dans la main ? Essaie 'abord de la retirer avec une pince à épiler, en tirant ans le sens inverse de l'entrée de l'écharde. Si tu n'y arviens pas, trempe pendant quelques minutes ta main ans de l'eau chaude savonneuse ou de l'eau salée. La peau se ramollir, et il te sera plus facile d'extraire l'écharde.

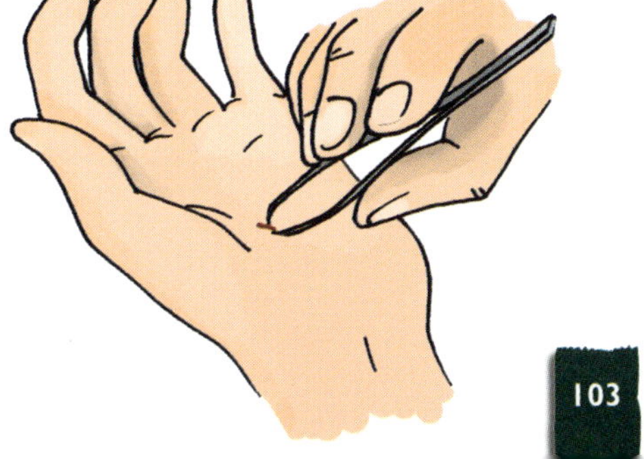

UN BIVOUAC ÉCOLO

Les 5 règles d'or

1. N'emporte que l'indispensable.
2. Choisis bien ton emplacement.
3. Monte correctement ta tente.
4. Fais un feu.
5. Ne laisse pas de traces.

Trop souvent, la randonnée est gâchée par les traces des précédents promeneurs. Bivouaquer en forêt, c'est randonner au plus près de la nature. Cela signifie aussi se faire le plus discret possible.

Sois discret

Tes traces ne se limitent pas à tes ordures : ton comportement sur place compte aussi. Lorsque tu bivouaques, évite de déranger la faune. Ne fais pas de bruit, apprends à te fondre dans le paysage et à être discret.

Enterre tes besoins

Dans la nature, on ne fait pas ses besoins n'importe où ! Creuse un trou de 15 à 20 cm de profondeur à l'écart du campement, du sentier et des sources d'eau. Recouvre tes excréments d'une pelletée de terre. Puis rebouche bien le trou avant de partir. Brûle aussi le papier toilette utilisé.

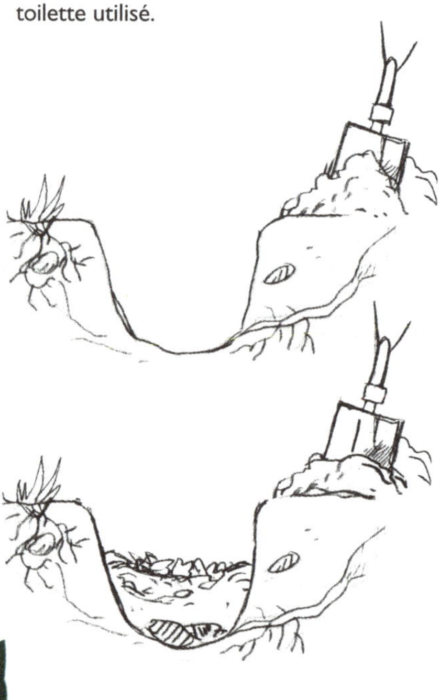

Remporte ce que tu as apporté

Avant de quitter les lieux, vérifie que tu ne laisses aucun déchet, ni reste de nourriture. C'est mauvais pour la santé des animaux sauvages et cela peut altérer leur comportement. Remporte tout ce que tu as apporté ou que les précédents randonneurs ont laissé.

Astuce

Avant de partir, n'oublie pas de vérifier que tu as bien des sacs-poubelles dans ton sac à dos.

8/ TROIS JOURS : RANDO AVENTURE

Définis ton itinéraire

Choisis un itinéraire en boucle assez facile et de moins de 25 km. Ton camp de base doit être installé au tiers du trajet, afin de t'éviter de porter ton matériel sur une trop longue distance.

Prépare ton matériel

Après tes chaussures et ton sac à dos, l'élément primordial est ton sac de couchage.
Ta rando tournera vite au cauchemar si tu ne dors pas la nuit à cause du froid et de l'humidité.
Choisis de préférence un sac sarcophage. Il devra être :
– bien à ta taille et épouser ta silhouette pour t'éviter les déperditions de chaleur ;
– léger et peu encombrant ;
– prévu pour des températures minimales de 5 à 10 °C ;
– imperméable pour te protéger du froid et de l'humidité.
N'oublie pas de prendre une couverture de survie ou un matelas en mousse pour t'isoler du sol.

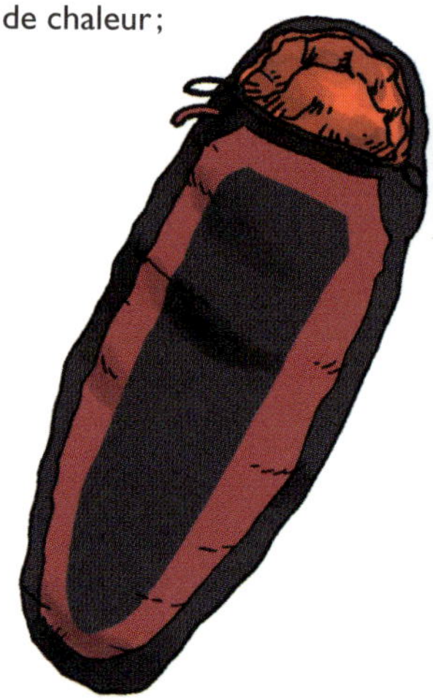

Astuce

Prévois d'arriver au lieu de bivouac au moins 2 h avant le coucher du soleil pour avoir le temps de t'installer.

Quelques précautions

Avant de partir, étudie attentivement les prévisions météorologiques pour la durée de ta rando.
Donne à tes parents ton plan de route, c'est-à-dire ton itinéraire et la durée de chaque étape.
Ne pars jamais seul. Laisse à tes parents les coordonnées familiales de ceux qui t'accompagnent.
Pars avec un téléphone portable. Même s'il ne capte pas partout, c'est une sécurité supplémentaire. Et il te permettra de prévenir tes parents en cas de changement d'itinéraire. Ne prends aucun risque : le moindre incident prend de graves proportions loin du monde « civilisé ».

Les difficultés

La difficulté de cette rando réside dans sa longueur, sa durée et la quantité de matériel nécessaire. Fais une liste des choses dont tu as besoin et vérifie-la deux fois : lorsque tu fais ton sac à dos et juste avant de partir. Le moindre oubli te compliquera la vie.

Partir 3 jours en autonomie, c'est l'aventure ! Mais ce type de randonnée ne s'improvise pas. Cela demande une préparation, souvent plus longue que la rando elle-même. Ainsi, tu vivras un moment exceptionnel !

CONSTRUIS UN TIPI

Tu rêves d'un abri d'Indien ? Construis ton tipi ! Tu le retrouveras au cours de tes prochaines escapades. Tu peux aussi le démonter, récupérer les perches et le remonter ailleurs.

Astuce

Tu peux faire des bottes de feuillage et les fixer à tes traverses horizontales. Commence par le bas pour que les bottes se recouvrent et assurent une meilleure étanchéité.

LE MONTAGE

Matériel
- 1 SCIE À BOIS
- 1 SÉCATEUR
- 1 COUTEAU
- 1 FICELLE
- 1 CORDELETTE DE 6 MM DE DIAMÈTRE
- 9 PERCHES DE 3,50 M DE LONG ET DE 6 À 8 CM DE DIAMÈTRE EN ÉPICÉA, NOISETIER OU BOULEAU

1. Dessine un cercle au sol : ce sera la base de ton tipi.

2. Sélectionne 3 perches les plus droites possibles. Places-en 2 de part et d'autre du cercle (la perche nord et la sud). Place la troisième à un tiers de la distance de la perche sud.

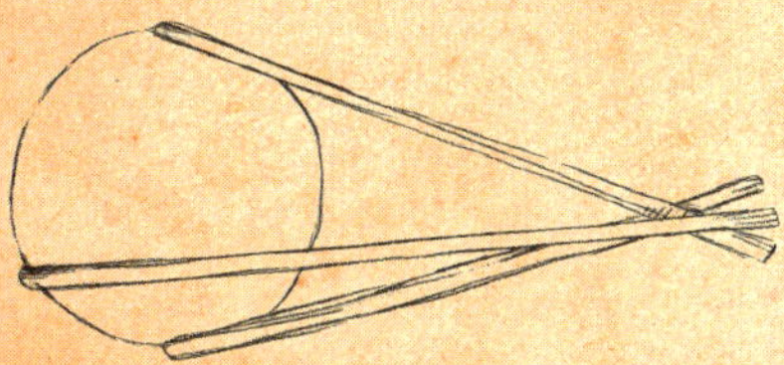

3. Fais un nœud de cabestan autour des 3 perches pour les relier. Finis par un nœud plat pour l'assurer. Tire sur la corde pour lever le tripode.

nœud plat

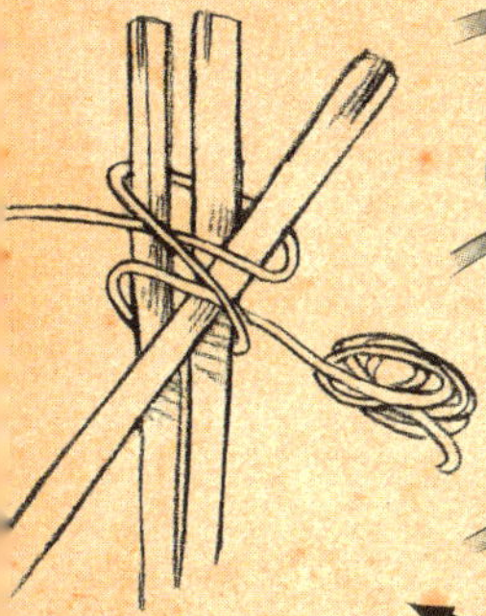

nœud de cabestan

4. Ajoute 2 perches entre chaque pied et règle l'écartement des perches au fur et à mesure. Fais 4 tours complets autour des perches avec la corde du tripode. Puis, fixe celle-ci au sol, à l'aide d'un piquet.

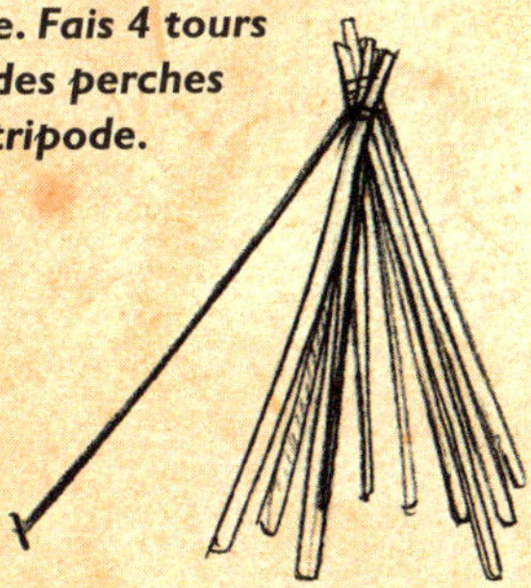

5. L'armature de ton tipi est terminée. Tu peux l'habiller en fixant horizontalement des branches de noisetier par un brêlage : commence par un nœud de cabestan sur la perche, puis fais 3 ou 4 tours sur la branche et finis par un double nœud.

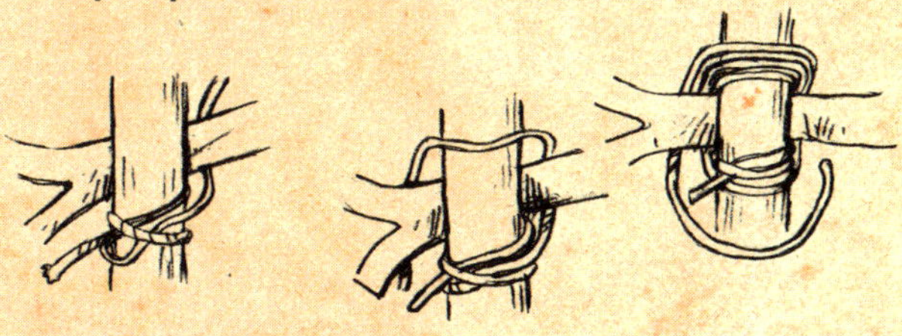

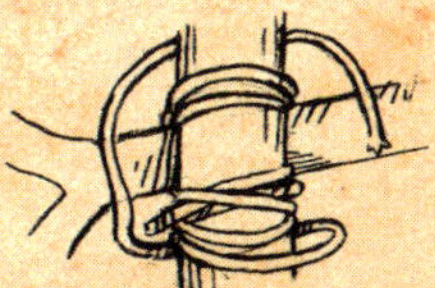

N'oublie pas de prévoir la porte !

Zoom sur...

LA GRUE CENDRÉE

D'une envergure de 2 m pour un poids de 4 à 6 kg, la grue cendrée est l'un des plus grands oiseaux d'Europe. Avec son plumage gris, son long cou et ses grandes pattes, elle est d'une rare élégance.

Vie de groupe

Que ce soit pour se nourrir ou se reposer, les grues cendrées vivent en groupe. On dit qu'elles sont grégaires. Il n'est pas rare qu'un groupe compte plusieurs centaines d'individus. C'est une façon comme une autre de se protéger. En effet, lorsque certaines dorment, d'autres font le guet et donnent l'alerte. La seule exception à cette vie en collectivité est la période nuptiale. Le couple, qui, une fois formé, reste uni pour la vie, s'isole et s'installe dans un coin tranquille de préférence humide, boisé ou, mieux, un îlot afin de se protéger des prédateurs.

Une grande voyageuse

Volant à haute altitude et sur de longues distances, les grues partent à l'automne du nord de l'Europe vers la France, l'Espagne et l'Afrique du Nord. Elles reviennent au printemps. Lors de la migration, elles volent cou et pattes tendus en grands groupes et en formation (en ligne, en V, en Y). L'escadrille est guidée par un chef qui, une fois fatigué, prend place à l'arrière. Leur cri, un puissant *grou grou*, s'entend à plusieurs kilomètres.

LE PIC ÉPEICHE

Cet oiseau, superbe avec son étonnant plumage noir et blanc, est très commun. Au printemps, tu l'entendras tambouriner sur les bois creux. Tu peux l'observer assez facilement dans les bois.

La famille des pics

Les pics sont de tailles et de couleurs très variables. Le pic noir frise le gabarit d'une corneille, alors que le pic épeichette atteint à peine celui d'un moineau. Le pic-vert est facile à observer. Quant au pic tridactyle, il porte trois doigts au lieu de quatre.

PIC ÉPEICHETTE

→ 12 à 14 cm ←

→ 22 à 23 cm ←

Toc-toc-toc !

Le pic épeiche ne sait pas chanter. Il émet à peine une courte série de *tchik, tchik, tchik*, aussi bruyants que peu expressifs. Alors, pour attirer les femelles ou marquer son territoire, il tambourine du bec une dizaine de fois par seconde sur une branche morte ou un poteau.

DE L'EAU ET DU SAVON

Maintenant que tu as acquis suffisamment d'expérience pour partir plusieurs jours, tu dois aussi assurer ton autonomie. Voilà quelques recettes indispensables à ta survie en pleine nature.

L'eau, c'est vital !

L'eau est un problème crucial. Tu dois prévoir des points d'approvisionnement réguliers sur ton itinéraire : fontaine de village, ferme… Compte au moins 2 à 3 l d'eau potable par personne et par jour. L'eau des rivières et des ruisseaux n'est pas potable, mais elle te sera utile pour te laver et aussi pour cuisiner, moyennant quelques précautions.

Où trouver de l'eau ?

Consulte ta carte IGN, les rus et les sources y sont mentionnés. Fie-toi à tes sens, les indices sont multiples : tends l'oreille, tu entendras peut-être un ruisseau ; regarde autour de toi, une végétation abondante et bien verte témoigne de la présence d'eau, comme celle de certaines plantes et de certains animaux (voir pages 114-115).

Quelques précautions

- Choisis de préférence des eaux courantes claires, loin de tout village, ville ou usine. N'utilise jamais d'eau stagnante.
- Si tu puises de l'eau pour laver des aliments, purifie-la avec des comprimés de désinfectant (Micropur®) avant de l'utiliser. Ces comprimés sont en vente dans les magasins de sport, les pharmacies…
- Si tu veux utiliser l'eau dans la préparation d'un repas, fais-la bouillir auparavant pendant 5 à 10 min.

Récupère la rosée

Creuse dans le sol un trou aux parois en forme de V.

Place un récipient au fond du trou. Recouvre le trou d'une feuille plastique (par exemple un sac-poubelle). Bloque les bords avec des cailloux pour qu'elle ne glisse pas dans le trou. Fais un petit trou au centre du plastique pour que l'eau de la rosée s'écoule dans le récipient au fond du trou.

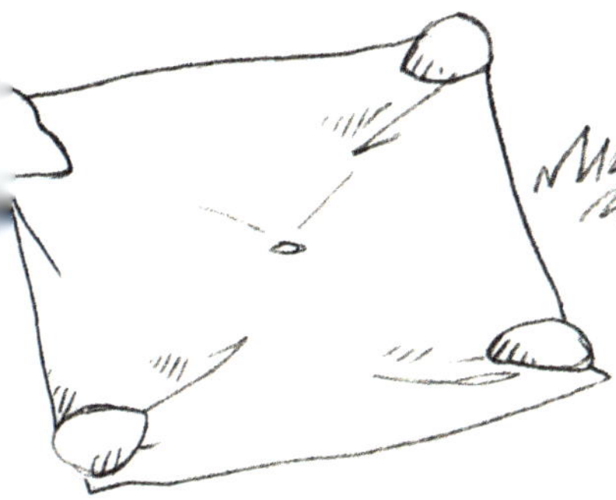

L'herbe à savon

N° 78

Connais-tu la saponaire, aussi appelée savonnaire ou savon des fossés ? Elle pousse en colonie au bord des talus et des ruisseaux, dans les terrains vagues, etc. La saponine qu'elle contient a des propriétés lavantes et moussantes. Il te suffira d'écraser quelques fleurs entre tes mains mouillées pour obtenir un savon naturel !

Ils indiquent la présence d'eau...

AGRION VIERGE

→ 25 à 35 mm ←

LAÎCHE PANICULÉE

↑ 60 à 150 cm

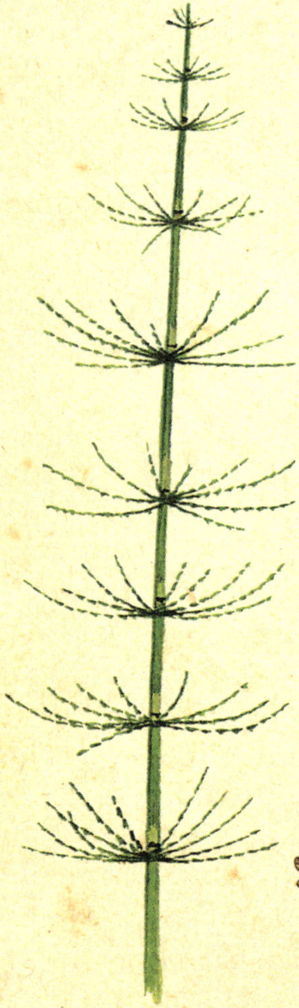

PRÊLE DES MARAIS

↑ 30 à 60 cm

JONC DES CHAISIERS

↑ 80 à 300 cm

REINE DES PRÉS

↑ 50 à 150 cm

GRANDE CONSOUDE

↑ 30 à 120 cm

PETIT MARS CHANGEANT

→ 60 à 70 mm ←

AULNE GLUTINEUX

↑ 10 à 25 m

SAULE MARSAULT

↑ 6 à 14 m

BERGERONNETTE DES RUISSEAUX

→ 18 à 19 cm ←

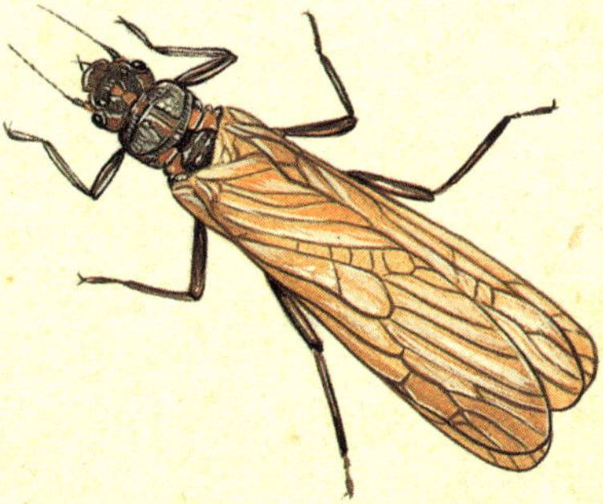

PERLE

→ 5 à 15 mm ←

LYCHNIS FLEUR DE COUCOU

↑ 50 à 150 cm

ÉPHÉMÈRE

→ 8 à 15 mm ←

GRENOUILLE ROUSSE

→ 80 à 100 mm ←

MOLINIE BLEUE

↑ 50 à 200 cm

MUSIQUE BUISSONNIÈRE

Tu as envie d'un peu de musique ? Rien de plus facile : il te suffit de récolter quelques plantes et tu pourras fabriquer tes propres instruments, presque sans outils.

Sifflet

Choisis une herbe plate. Tends-la entre tes deux pouces et plaque tes mains l'une contre l'autre. Applique tes lèvres contre la fente entre tes pouces, et souffle.

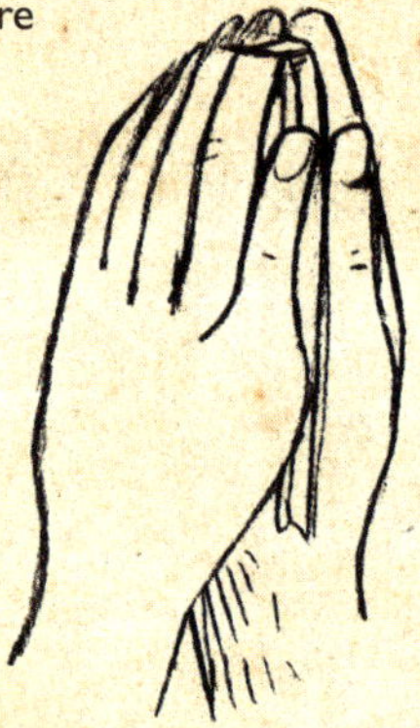

Saxo

Choisis un gros pissenlit. Coupe sa tige à la base et au sommet. Écrase cette extrémité entre le pouce et l'index pour l'aplatir sur 2 ou 3 cm. Voilà une anche double. Mets-la dans ta bouche (3 à 4 cm) et souffle assez fort. Tu dois produire un bourdonnement.

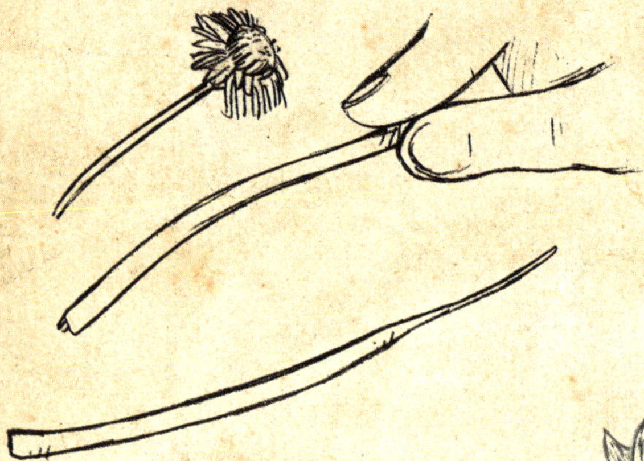

Pipoir

Coupe une branche de noisetier d'environ 10 cm de long et 1 cm de diamètre. Fends-en une extrémité sur 5 cm et glisses-y une feuille de lierre pliée en deux. Coupe ce qui dépasse. Souffle dans la fente en pinçant le bois plus ou moins fort pour moduler le son.

Flûte de Pan

Coupe une branche de renouée du Japon de 15 cm de long, juste en dessous d'un nœud. Ainsi, tu auras un tube fermé d'un côté et ouvert de l'autre. Souffle dedans comme dans une flûte de Pan. Plus le tube sera petit, plus le son sera aigu et puissant... Tu peux aussi assembler et fixer ensemble des tubes de dimensions différentes, alignés note par note, du grave à l'aigu.

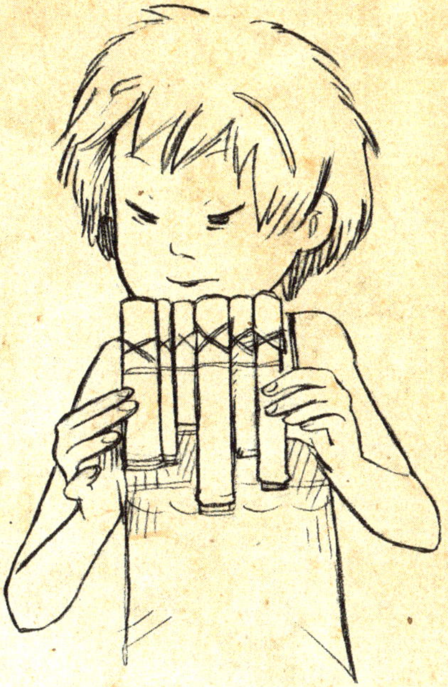

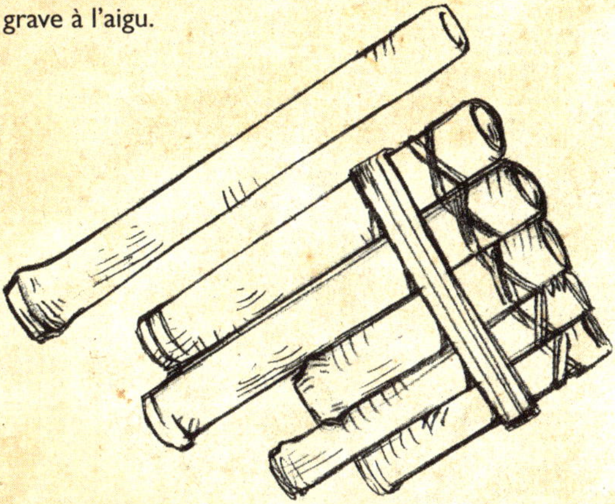

Percussions

Choisis une cardère à 3 branches. Coupe la branche centrale 10 cm sous le nœud dont partent les branches latérales. Rabote les piquants au couteau. Coupe la tige centrale 5 cm au-dessus du nœud, et les tiges latérales 10 cm au-dessus. Prends une autre branche de cardère. Plante une épingle en son milieu et pique-la au sommet de la tige centrale. Fais tourner la cardère dans un sens et dans l'autre pour que la branche mobile vienne frapper alternativement et très rapidement les tiges latérales.

Astuce

Aide-toi de la fiche pages 118-119 pour reconnaître les plantes nécessaires à la fabrication de tes instruments de musique.

Les plantes et arbres à musique

LIERRE COMMUN

↑ 200 à 1000 cm
(sifflet d'herbe, pipoir)

CARDÈRE SAUVAGE

↑ 70 à 150 cm
(percussion, flûte de Pan)

CHÂTAIGNIER

↑ 25 à 30 m
(sifflet)

FÉTUQUE DES BOIS

↑ 120 cm
(sifflet d'herbe, pipoir)

BROME DRESSÉ

↑ 100 cm
(sifflet d'herbe, pipoir)

FRÊNE

↑ 30 à 40 m
(sifflet, pipoir)

PISSENLIT

↑ 10 à 40 cm
(instrument à anches)

AVOINE ÉLEVÉE

↑ 150 cm
(sifflet d'herbe, pipoir)

NOISETIER

↑ 4 à 5 m
(pipoir)

RENOUÉE DU JAPON

↑ 100 à 300 cm
(flûte de Pan, sifflet)

FOLLE AVOINE

↑ 100 cm
(sifflet d'herbe, pipoir)

SUREAU

↑ 2 à 7 m
(pipoir, flûte de Pan)

PÂTURIN DES PRÉS

↑ 80 cm
(sifflet d'herbe, pipoir)

RANDO SANS AMPOULES

Les frottements répétés dans les chaussures peuvent provoquer des ampoules. Ces blessures bénignes mais douloureuses risquent de gâcher ta rando. Apprends à les éviter et à les soigner.

Comment les éviter ?

- Choisis des chaussures de marche à semelles crantées et au revêtement en matière respirante ; prend une demi-taille au-dessus de ta pointure habituelle : en marchant, le pied gonfle et les chaussettes de marche sont épaisses.
- Ne pars jamais en randonnée avec des chaussures neuves.
- Porte des chaussettes assez épaisses, « spécial randonnée », renforcées au talon, et changes-en tous les jours.
- Protège les zones sensibles avec du sparadrap.
- Évite l'humidité dans tes chaussures : fais-les sécher chaque soir (attention à la rosée). Tu peux les bourrer de papier journal. Ne garde jamais de chaussettes mouillées.
- Lors de courtes haltes, résiste à l'envie de retirer tes chaussures et de tremper tes pieds dans l'eau froide.

chaussettes « spécial randonnée »

sparadrap

chaussures de marche

COMMENT LES SOIGNER ?

1. Passe du désinfectant sur l'ampoule, sur l'aiguille et sur le fil de coton.
2. Transperce l'ampoule de part en part, sans toucher la peau saine en dessous.
3. Laisse le fil dans l'ampoule, il servira de drain et permettra au liquide de s'écouler.
4. Une fois l'ampoule vidée, protège-la avec un pansement « spécial ampoule » pour éviter l'infection et les frottements.

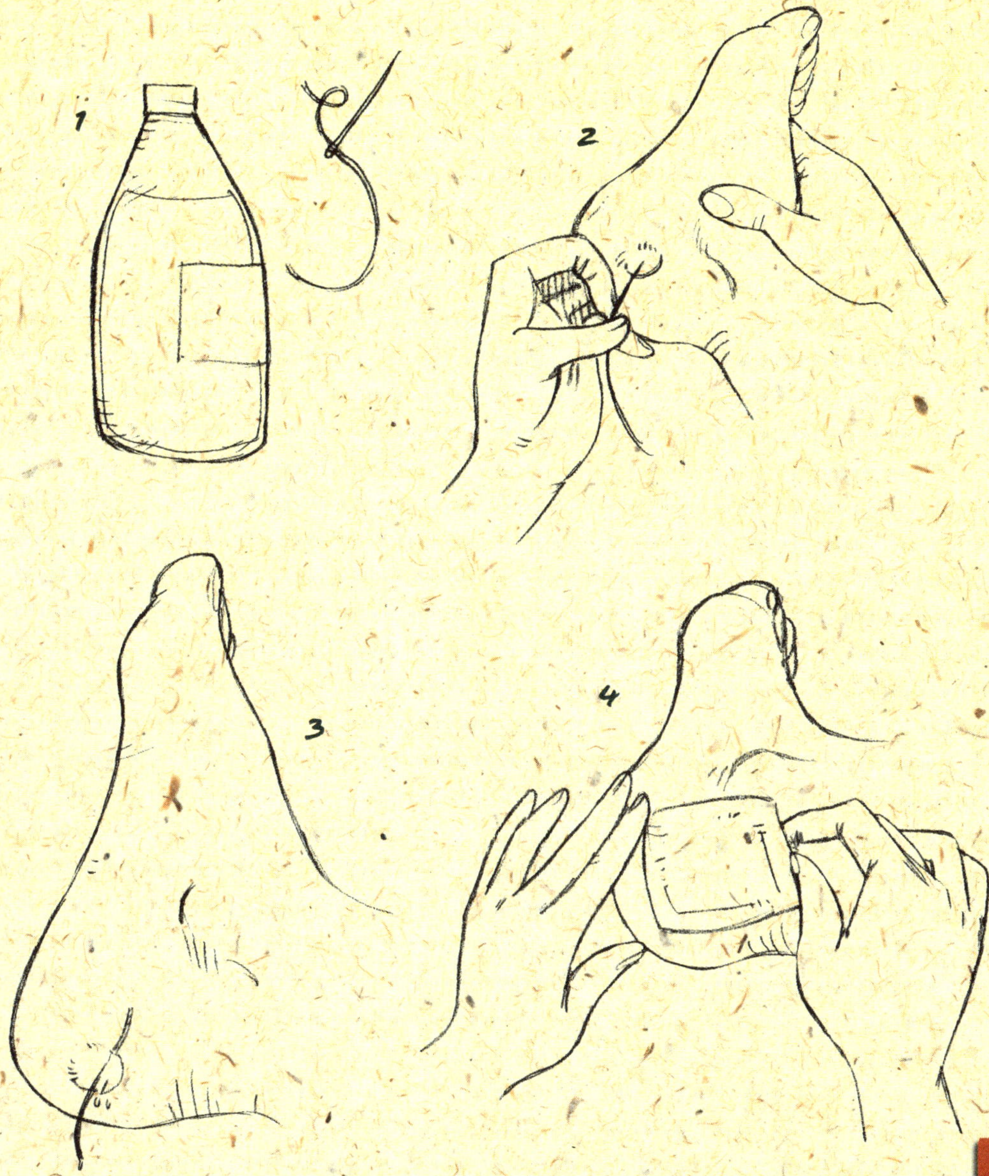

9/ EN MONTAGNE : RANDO EXPERT

Définis ton itinéraire

Tu souhaites faire une randonnée de 1 à 3 jours en montagne ? Cela ne s'improvise pas. Le mieux est d'emprunter des itinéraires déjà répertoriés. Consulte le topo-guide de la zone qui t'intéresse. Tu y trouveras tous les renseignements indispensables pour choisir ton parcours : itinéraire, dénivelée, temps de marche, difficultés… Complète ton information par l'étude de la carte IGN au 1/25 000. Prévois les hébergements et un itinéraire de repli. N'hésite pas à te renseigner auprès d'une association de randonnée, de l'office du tourisme, etc.

Prépare ton matériel

LE MATÉRIEL NÉCESSAIRE VARIE BEAUCOUP SELON LA SAISON, LA MÉTÉO, LA DURÉE DE TA RANDONNÉE ET TON TYPE D'HÉBERGEMENT. TIENS COMPTE DES TEMPÉRATURES :

- AU-DESSOUS DE 10 °C, IL FAUT DU MATÉRIEL SPÉCIFIQUE
- LES ÉCARTS DE TEMPÉRATURE PEUVENT ÊTRE TRÈS IMPORTANTS ENTRE LE JOUR ET LA NUIT, OU SI LE VENT SOUFFLE IL EST TOUJOURS PLUS FACILE DE SE DÉCOUVRIR QUE DE SE COUVRIR.
- N'EMPORTE QUE LE STRICT NÉCESSAIRE : UN SAC TROP LOURD RENDRA TA RANDO PLUS DIFFICILE.

Les difficultés

La randonnée en montagne n'est accessible qu'à des randonneurs confirmés. Elle nécessite une parfaite condition physique et une excellente préparation. La difficulté augmente avec la distance, la dénivelée, l'altitude et la nature du terrain, plus ou moins accidenté.

Quelques précautions

La randonnée en montagne ne se pratique jamais seul ! N'hésite pas à faire appel à un accompagnateur ou un guide. Il connaît bien le terrain et pourra répondre à tes questions sur la faune, la flore, le patrimoine, etc. Préviens toujours quelqu'un de votre départ, et communique à cette personne votre itinéraire, vos lieux d'hébergement et l'heure à laquelle vous prévoyez d'arriver.

Tu pars randonner en montagne? Bravo, tu es maintenant un vrai randonneur! Marcher en montagne demande une certaine expérience et le respect de quelques principes de base afin d'éviter les incidents.

LA MÉTÉO

Consulte toujours la météo avant de partir et tiens compte des prévisions. Même si tu ne pars qu'une seule journée, apprends à reconnaître les indices d'évolution du temps.

Le bulletin météo

Pour avoir des prévisions précises et fiables, consulte le site Internet de Météo France (www.meteo.fr). Tu y découvriras la météo locale des 3 jours à venir. Tu peux aussi lire la rubrique météo locale dans la presse régionale. Le bulletin télévisé, lui, est trop général pour t'être utile.

Observe le ciel

La météo peut évoluer rapidement :

- observe les nuages. Leur forme, leur altitude, leur sens de déplacement et leur densité sont des indicateurs météo. Par exemple, si un cumulonimbus survient, tu as juste le temps de trouver un abri !
- étudie le vent. Est-il régulier ou souffle-t-il en bourrasques ? De quelle direction vient-il ? En France, un vent d'ouest est souvent porteur de nuages et de pluie, et un vent d'est, de beau temps. Si le vent forcit sous une couverture de nuages, il est temps de trouver un abri.

Le baromètre

Le baromètre mesure la pression atmosphérique. Si elle monte, c'est signe de beau temps ; si elle baisse, c'est signe de mauvais temps. Ton baromètre est fiable à l'échelle d'une journée.

Au doigt levé

Mouille ton doigt et tends-le au-dessus de ta tête. Le côté qui sèche le plus vite est celui d'où vient le vent.

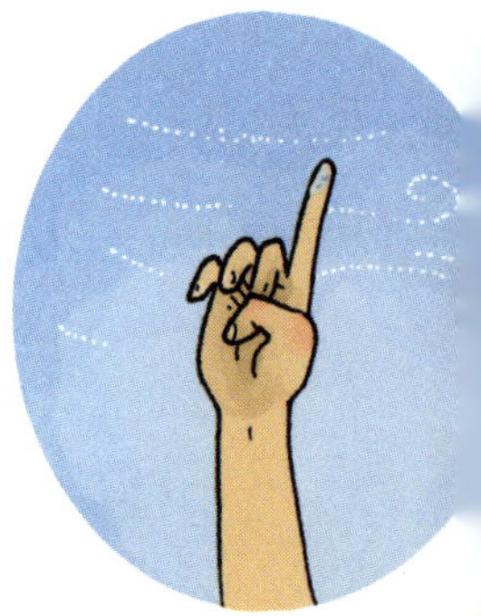

Astuce

Reporte-toi à la fiche des indicateurs de mauvais temps, pages 126-127.

Attention à l'orage !

Un orage est souvent précédé par un coup de vent, parfois violent. Il faut se mettre à l'abri tout de suite ! La foudre frappe tout ce qui dépasse sur un relief. Évite les sommets. Descends à flanc de montagne en évitant les arêtes. Éloigne-toi des objets métalliques, des rochers les plus hauts et des arbres isolés. Ne t'abrite pas sous un surplomb ou le long d'une paroi. Si ton sac n'a pas d'attaches métalliques, isole-toi du sol en t'asseyant dessus, armature vers le sol.

LES INDICATEURS MÉTÉO

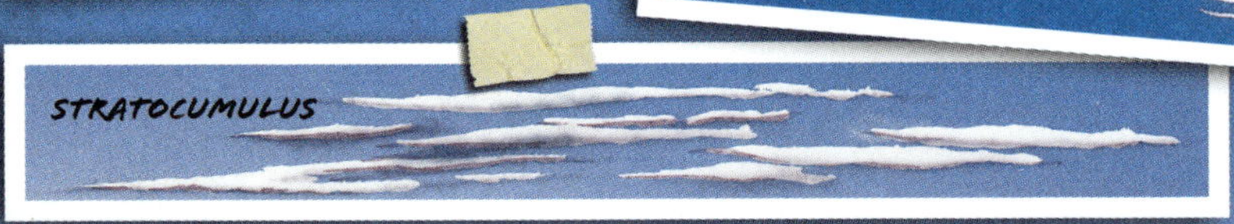

Nuages	Cumulus	Cumulonimbus	Stratocumulus	Nimbostratus
Altitude	Basse (< 2 000 m)	Base < 2 000 m, sommet > 15 km	Basse (< 2 000 m)	Moyenne (2 000 à 5 000 m)
Description	Petits nuages éparpillés S'effilochent progressivement.	Gros nuage épais en forme d'enclume	Couche de nuages, ni individuels ni uniformes	Couche nuageuse grise, dense, uniforme
Temps	Alternance d'averses et d'éclaircies, puis retour du beau temps	Orage d'averses ou de grêle	Pluie ou neige faible	Bruine ou neige en grains, brouillard
Durée		Dans l'heure	5 à 10 h, parfois quelques jours	
Pression	Remontée de la pression > 1 015 hPa	Chute très rapide de la pression < 1 000 hPa	Basse pression relativement stable < 1 005 hPa	
Animaux	Les grenouilles chantent le soir.	Les oiseaux se rassemblent sur leurs perchoirs et abris.	Les hirondelles volent bas. Les insectes (moucherons, mouches, taons, moustiques) deviennent très agités. Les abeilles rentrent à la ruche.	
Végétaux	Pommes de pin et fleurs ouvertes		Les fleurs se ferment.	

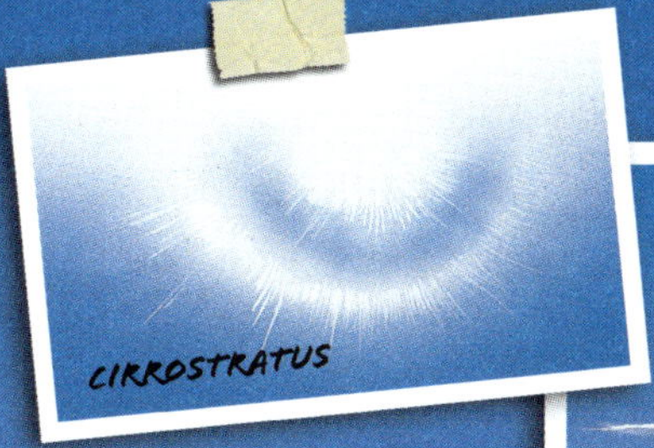

Altostratus	Cirrostratus	Cirrus
Moyenne (2 000 à 5 000 m)	Haute (> 5 000 m)	Haute (> 5 000 m)
Nappe grisâtre ou bleuâtre	Voile nuageux, halo autour du soleil ou de la lune	Ressemblent à des cheveux.
Neige en hiver et pluie en été	Annonciateur d'une perturbation	Beau temps
24 h	24 h	12 à 24 h
Baisse de pression < 1 015 hPa	Assez élevée > 1 015 hPa	Assez élevée > 1 015 hPa
Le trèfle s'ouvre.		

UNE NUIT EN MONTAGNE

Tu vas passer ta première nuit en montagne ? En refuge ou en bivouac ? Dans les deux cas, une bonne préparation s'impose, ainsi que le respect de la nature et de ceux qui t'entourent.

Une nuit en refuge

- Refuge gardé. Il faudra réserver ta nuitée à l'avance. Un gardien est là pour t'accueillir. Présente-toi dès ton arrivée, donne des indications sur ton itinéraire et ton heure de réveil. Le confort est minimal dans un refuge, et l'espace est compté. Sois respectueux des autres et tolérant (ronflements), aide à ranger et fais-toi discret.
- Refuge non gardé. Il sera encore plus spartiate et personne ne sera là pour t'accueillir. Mais l'important, c'est d'avoir un toit ! Nettoie et remets tout en place à ton départ, refais une provision de bois pour les prochains randonneurs, ferme les ouvertures et emporte tes déchets.

Le bivouac

Un bivouac se prépare. En montagne, les nuits peuvent être glaciales et éprouvantes.
Voici quelques conseils pratiques pour le confort et la sécurité de ton campement :

- prévois d'arriver au moins 2 h avant la tombée de la nuit sur ton lieu de campement. Il te faudra du temps pour chercher le bon emplacement, monter la tente, ramasser du bois…
- choisis un coin à l'abri du vent au sol plat ou très légèrement incliné. Évite les cuvettes (elles retiennent l'eau en cas de pluie) et les arbres isolés en cas d'orage ;
- ne campe pas au milieu d'un sentier !

Les mammifères et oiseaux des montagnes

Astuce : pense à t'équiper d'une paire de jumelles !

HIBOU GRAND DUC

Strigidés
Envergure 170 cm
→ 70 cm ←
2,5 kg

CAMPAGNOL DES NEIGES

Rongeurs
→ 17 cm ←
35 g

GYPAÈTE BARBU

Accipitridés
Envergure 270 cm
→ 100 cm ←
5 à 7 kg

VAUTOUR PERCNOPTÈRE

Accipitridés
Envergure 150 cm
→ 53 à 69 cm ←
2 kg

CHAMOIS

Bovidés
↑ 80 cm
25 à 40

BOUQUETIN DES ALPES

Bovidés
↑ 70 à 90 cm
65 à 100 kg

AIGLE ROYAL

Accipitridés
Envergure 200 cm
→ 220 cm ←
3 à 6,6 kg

MARMOTTE

Rongeurs
→ 70 cm ←
5 à 7 kg

MOUFLON

Bovidés
↑ 70 cm
30 à 55 kg

LIÈVRE VARIABLE

Léporidés
→ 45 à 62 cm ←
2 à 5 kg

Les plantes sauvages comestibles

IMPÉRATOIRE

Récolte : mai à septembre
Jeunes pousses : en salade, en légume cuit

CHÉNOPODE BON-HENRI (ÉPINARD SAUVAGE)

Récolte : juin à octobre
Feuilles : en salade, en légume cuit, en soupe, en chapa
Inflorescences : cuites à l'eau ou sautées à l'huile
Graines : sous forme de céréales ou écrasées en farin

PISSENLIT

Récolte : presque toute l'année
Racines : sautées
Feuilles (jeunes) : en salade, en légume cuit

OSEILLE DES MONTAGNES

Récolte : mai à octobre
Feuilles : en salade, en soupe, en légume

TUSSILAGE

Récolte :
- Fleurs : février à mai,
- Feuilles : avril à novembre

Fleurs et tige : en salade
Feuilles : en légume cuit

MYRTILLES

Fruits : crus, en compote, en chausson

ÉPILOBE

Récolte : juillet à septembre
Fleurs : en infusion

PLANTAIN LANCÉOLÉ

Feuilles : dans les salades, en soupe, en légume cuit, en chapati, en chausson

ÉPICÉA

Jeunes pousses : dans les salades, en infusion, en sirop

Quelques précautions

Cueille toujours les fruits à 50 cm au moins du sol. Ainsi, ils ne risqueront pas d'être souillés par l'urine et les excréments d'animaux, vecteurs de maladie. Pour faire une salade, cueille de préférence les jeunes pousses, plus tendres et fraîches. Attention, tous les fruits et les baies ne sont pas comestibles. Identifie-les de façon certaine et, en cas de doute, abstiens-toi.

CUISINE SAUVAGE

Une fois ton campement installé, pourquoi ne pas aller cueillir de quoi agrémenter ton dîner ? Voici quelques recettes à base de plantes sauvages.

ATTENTION

Ne cuisine que des plantes que tu es sûr d'avoir identifiées. En cas de doute, abstiens-toi !

Ingrédients

POUR 12 CHAPATIS :

- 250 G DE FARINE
- 1 PINCÉE DE SEL
- 0,7 L D'EAU TIÈDE
- 5 OU 6 FEUILLES DE TUSSILAGE PAR CHAPATI

Chapatis aux feuilles de tussilage

Rince bien les feuilles. Puis ébouillante-les 1 min afin de les précuire. Hache-les finement. Ajoute-les à la farine salée, mélange le tout, mouille avec l'eau tiède et pétris jusqu'à obtenir une pâte souple. Prends une boule de pâte de la taille d'une noix, aplatis-la entre tes paumes, en tournant, jusqu'à ce qu'elle devienne très fine. Saupoudre régulièrement la pâte de farine pour éviter qu'elle te colle aux mains. Pose les galettes sur la braise vive et fais-les bien cuire des deux côtés en surveillant qu'elles ne brûlent pas. Souffle un peu dessus pour chasser les cendres.

Variante : le chausson

Prépare la pâte à chapati avec de la farine, de l'eau tiède et du sel. Pose les feuilles hachées sur une moitié de chapati. Replie celui-ci sur lui-même pour en faire un chausson. Soude les bords en les pressant avec les doigts mouillés, et fais cuire le chapati sur les braises.

Omelette de plantain

Rince bien les feuilles de plantain et hache-les en enlevant les nervures coriaces. Fais-les revenir à feu doux dans un peu d'huile pendant 3 min. Couvre et laisse cuire encore quelques minutes en remuant de temps à autre. Pendant ce temps, bats les œufs en omelette avec le lait, le sel et le poivre. Incorpore le plantain haché. Fais chauffer un peu d'huile dans ta poêle, puis verse le mélange. Cuis l'omelette à ta convenance.

Ingrédients

POUR 2 PERSONNES :

- 1 POIGNÉE DE PLANTAIN
- 4 ŒUFS
- 1 VERRE DE LAIT
- HUILE, SEL, POIVRE

Sirop d'épicéa

Remplis un bocal en verre en alternant les couches de jeunes pousses (2 cm) et de cassonade (1 à 2 cm). Termine par une couche de jeunes pousses, tasse bien et mets le bocal à chauffer au bain-marie, sans couvercle, jusqu'à obtention d'un sirop vert et épais. Laisse refroidir, puis filtre le mélange et déguste-le comme un sirop, allongé d'eau.

Ingrédients

- BOURGEONS ET JEUNES POUSSES D'ÉPICÉA
- CASSONADE EN POUDRE
- EAU

MARCHER EN MONTAGNE

Tu pars marcher en montagne? Apprends à compter en heures de marche plutôt qu'en kilomètres. Le temps qui te sera nécessaire dépendra de la dénivelée, du relief plus ou moins accidenté et de ton endurance.

Vitesse et dénivelée

En montagne, on compte que l'on couvre en moyenne 4 à 5 km en une heure, et 300 à 350 m de dénivelée en montée, ou et 400 à 450 m de dénivelée en descente.

Ménage tes forces

- On débute toujours la randonnée à un rythme trop rapide. Apprends à modérer ton allure, surtout si tu commences par une montée ou une descente raide.
- À chacun sa vitesse de marche : si tu es essoufflé, c'est que tu marches trop vite.
- Emporte toujours suffisamment d'eau. N'hésite pas à faire de petites pauses pour boire et t'alimenter en sucres rapides (barres de céréales, pâtes de fruits...). Le manque de sucre et la déshydratation sont les deux principales causes de fatigue.
- En montée, ralentis et fais de courtes pauses. Pose le pied bien à plat et fais trois petits pas plutôt qu'un grand.
- En descente, surtout dans un pierrier, enfonce bien le talon en premier.
- Ne coupe pas les lacets des sentiers : tu ne gagneras pas de temps et tu risques de te tordre les chevilles. De plus, tu abîmeras la végétation et le sol, très fragiles.
- Pour traverser sans glisser un névé (une plaque de neige) sur une pente, plante bien le bord de ta chaussure à chaque pas. Si le névé est trop pentu, contourne-le.
- Évite les éboulis de cailloux fins à la montée, car ils s'effondrent sous les pas.
- Les éboulis de gros blocs offrent de bons appuis. Mais attention aux chutes de pierres dans les couloirs.

Astuce

Équipe-toi d'une corde (10 m) et de quelques mousquetons. Ils te seront utiles en cas de passage difficile.

SOS ACCIDENT

Malgré toutes les précautions que tu auras prises, un accident peut toujours survenir. Comment réagir efficacement ?

Sécurité

En cas d'accident, il faut :

- garder son calme
- se mettre en sécurité, rien ne sert de risquer un suraccident
- se signaler

SIGNAUX D'ALERTE

APPEL À L'AIDE

Un homme debout les bras levés en V, ce qui forme un Y.

Un carré d'étoffe rouge de 1 m de côté sur le sol

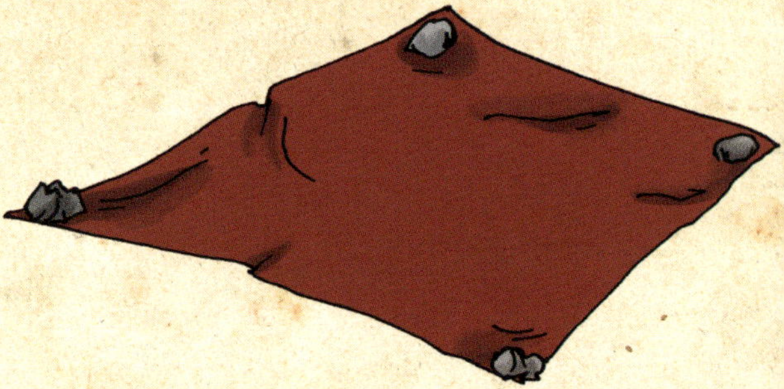

SOS en lettres de 1 m dessinées à terre avec des bâtons de ski, des cailloux, etc.

Le 112

Emporte toujours avec toi un téléphone portable, batteries chargées. Même si le réseau ne couvre pas tout le territoire, il peut être d'une grande aide. Le numéro à connaître absolument est le 112. Tu entreras ainsi en contact avec le Centre de traitement de l'alerte (CTA). Un pompier généraliste évaluera la gravité de la situation et le type de secours nécessaire. Reste calme, décris précisément le lieu où vous êtes, le nombre de personnes impliquées et le type d'accident ; enfin, donne ton nom et tes coordonnées.

Signaux optiques avec un miroir (de jour) ou une lampe de poche (de nuit). SOS : 3 éclairs longs, 3 éclairs courts, et encore 3 longs

TOUT VA BIEN

Un homme debout, un seul bras en l'air

Signaux acoustiques avec un sifflet (brouillard ou de nuit). SOS : 6 appels à la minute – 3 courts, 3 longs, 3 courts

La réponse se fait au rythme de 3 appels à la minute.

10/ POUR ALLER PLUS LOIN

LES LIVRES ET LES REVUES

AUX ÉDITIONS FCPN

- **Les Cahiers du jeune naturaliste**, une collection pour les jeunes curieux de nature : *Villes et villages, Milieux forestiers, Prairies et bocages, Milieux humides, Je découvre la nature près de chez moi.*
- **Les Cahiers techniques de la Gazette des terriers**, une collection très complète et pratique pour découvrir la nature sur le terrain : *À la rencontre des papillons, Agir pour la nature en ville, À la rencontre des amphibiens, À la rencontre des libellules, À la rencontre des sauterelles, criquets et grillons, Sur les traces des chauves-souris, À l'affût des chevreuils, Une nuit chez les blaireaux, Reconnaître les nids…*

AUX ÉDITIONS MILAN

- Les collections **Carnets de nature, Mon carnet de terrain, Mes guides nature, Accros de la nature, Copain** et le livre *150 activités nature aux 4 saisons.*

AUX ÉDITIONS DE BOECK

La collection **Guide de terrain – Reconnaître.**

AUX ÉDITIONS DELACHAUX ET NIESTLÉ

Les collections **Les Guides du naturaliste, Les Guides des curieux de nature,** et *Le Guide du pisteur débutant.*

ET AUSSI

Insectes de France et d'Europe occidentale, Michael Chinéry, éditions Arthaud.
Vivre en pleine nature, François Couplan, éditions Sang de la Terre.
Musique nature lutherie éphémère, livre CD, Yves Pacher, éditions Fuzeau.

PRESSE

Le célèbre journal *La Hulotte*, le journal le plus lu dans les terriers.
Wapiti, planète nature, Milan presse.

Voici quelques sources documentaires pour compléter ton info. Tu peux aussi choisir de créer un club CPN (Connaître et protéger la nature) dans ton école ou avec des amis !

SITES INTERNET

- www.fcpn.org : consulte notamment les pages activités, qui regorgent de trucs et astuces pour découvrir et protéger la nature près de chez toi.
- www.reveeveille.net/musiqueverte : un site pour découvrir comment fabriquer des instruments de musique avec des éléments naturels ramassés au fil des saisons.

MUSÉES

Tu peux aussi découvrir la nature dans les musées, les jardins botaniques et les aquariums, notamment au Muséum national d'histoire naturelle à Paris : www.mnhn.fr

CRÉE UN CLUB NATURE

Pourquoi ne pas créer un club nature avec tes parents, tes amis ou dans ton école ? Réunissez-vous à plusieurs, cherchez une zone naturelle à protéger et choisissez un nom pour votre club. Tu pourras créer un jardin sauvage, un refuge à insectes, un gîte à hérissons, ou creuser une mare, planter une haie…
Pour t'aider, n'hésite pas à contacter la Fédération des clubs CPN, Connaître et protéger la nature :
Maison des CPN, 08240 Boult-aux-Bois
Tél. : 03 24 30 21 90 Mél : info@fcpn.org

REJOINS UNE ASSOCIATION DE PROTECTION DE LA NATURE

Il existe de nombreuses associations qui ont pour but de protéger la nature. Elles proposent régulièrement des sorties, réalisent des actions de protection, etc. Tu y rencontreras des passionnés qui te feront partager leurs connaissances. Parmi les associations naturalistes, la plus importante est la Ligue pour la protection des oiseaux (LPO). Il en existe des délégations dans toutes les régions. Consulte son site : www.lpo.fr

Avertissement internet
Le contenu des sites internet mentionnés a été vérifié par nos équipes lors de la rédaction de ce livre. Nous ne saurions être tenus pour responsables des changements de contenu après la parution de ce livre.

CRÉDITS DES ILLUSTRATIONS

Toutes les illustrations des activités sont de Cécile Lechevallier.

Les illustrations naturalistes sont de :
Hélène Appell-Mertiny : rabat 3, p. 33, 57, 96-97, 100, 106, 115, 118-119 ;
Pierre Ballouhey : p. 75, 107, 109 ;
Laurence Bar : p. 12, 24, 31, 32-33, 55, 56, 57, 70, 85, 114, 119 ;
Emmanuel Cerisier : p. 6-7 ;
Benoît Charles : p. 9, 28 ;
Corinne Deletraz : rabat 3, p. 44-45, 114 ;
Thierry Dessailly : p. 32, 101 ;
Anne Eydoux : 1re de couverture, rabat 1, rabat 2, p. 2-3, 8-9, 10-11, 12, 20, 22-23, 24-25, 28-29, 32, 34, 38-39, 42-43, 50-51, 54-55, 56-57, 59, 60, 62, 64-65, 66-67, 71, 78-79, 81, 85, 88, 92, 100, 107, 114-115 ;
Catherine Fichaux : p. 28-29, 93, 96-97, 115, 133 ;

Hélène Fuggetta : p. 6-7, 55, 132-133 ;
Jean Grosson : 1re de couverture, rabat 1, p. 8, 28-29, 34, 38-39, 47, 59, 60, 64-65, 69, 70, 79, 89, 93, 110-111, 115, 130-131 ;
Vincent Jagerschmidt : p. 126-127 ;
Amandine Labarre : p. 109, 116, 123, 130-131 ;
Lionel Labeyrie : p. 32 ;
Catherine Lachaud : rabat 3, p. 44, 132-133 ;
Nathalie Locoste : 1re de couverture, rabat 3, p. 2-3, 33, 44-45, 113, 114-115, 118-119, 122, 132-133 ;
Christophe Lorain : p. 8 ;
Frédéric Malenfer : p. 117, 119 ;
Pascal Robin : p. 8, 50-51, 54, 82, 84-85 ;
Léon Rogez : p. 22 ;
Jean-Claude Sénée : rabat 1, p. 9, 29, 60, 64, 92 ;
Jean-Louis Verdier : rabat 1, p. 2-3, 8, 10-11, 38, 46, 50-51, 54-55, 57, 58-59, 71, 79, 80, 115.

www.editionsmilan.com

Cet ouvrage a été réalisé par les éditions Milan,
avec la collaboration de : Laurent Palet, MPP (photogravure).
Nous tenons à remercier notre stagiaire, Anne-Sophie Dejou, pour son aide précieuse.

Loi 49-956 du 16 juillet 1949 sur les publications destinées à la jeunesse.
ISBN : 978-2-7459-4880-9
Dépôt légal : 4e trimestre 2012
Imprimé en Slovénie